연세대학교 원주의과대학 대학교회 30년사

그리스도의
사랑으로
세상을 치유하는
공동체

연세대학교 원주의과대학 대학교회 30년사

그리스도의 사랑으로 세상을 치유하는 공동체

박종현 지음
연세대학교 원주의과대학 대학교회 30년사 편찬위원회 엮음

동연

지난 30년간 연세대학교 원주의과대학 대학교회를 인도해주신 하나님의 은혜에 감사를 드립니다. 그간 우리교회는 우리나라에서 유일한 의과대학교회로서, 하나님이 위임하신 사명을 감당하고자 부단히 노력해 왔습니다. 초창기의 어려운 여건과 환경 속에서도 그리스도의 사랑으로 대학의 구성원들을 섬기고, 지역 사회를 위한 헌신을 멈추지 않았습니다. 또한 우리에게 주신 의료 선교의 비전을 감당하기 위해, 교회 설립 초창기부터 '의료선교부'를 구성하였습니다. 1992년부터는 의료 선교를 후원하기 시작하여, 현재까지 그 사명을 감당하고 있습니다. 지금까지 방글라데시와 캄보디아 의료 선교를 20차례나 지속해 왔으며, 미래의 의료 선교사들을 육성하기 위해 교회재정의 20%이상을 장학금으로 후원해 왔습니다. 또한 전체 교회 예산의 50% 이상을 선교비로 지출하여 왔습니다. 아마도 한국교회 중에서 이런 재정 지출을 하는 교회는 거의 없을 것입니다. 비록 교회의 규모는 작지만, 알차고 의미 있는 일들로 지난 30년의 역사를 채워왔습니다. 이런 점에서 소금과 빛의 역할을 당부하신 주님의 말씀을 실천해 온 것이, 바로 우리 교회의 역사라 할 수 있습니다. 교우들의 기도와 교역자들의 헌신으로 이런 의미 있는 교회 재정을 전통으로 지킬 수 있었습니다. 이러한 노력의 결실로 현재 우리 의과대학 출신으로, 다섯 분의 해외 의료 선교사들을 지속적으로 후원하고 있습니다. 앞으로도 의료 선교에 대한 비전은 우리 의과대학교회의 소명으로 외연이 더욱 확대될 것입니다.

　우리 교회는 대학교회의 특성상 '흩어지는 교회'입니다. 우리 교회의 중추를 이루는 학생 교우들은 4년 또는 6년의 대학 교육을 받은 후 세상으로 나아가게 됩니다. 흐르는 물만이 썩지 않듯이, 대학교회는 부단히 변화하는 사회와 역사의 요청 속에서 하나님이 주신 사명을 감당하기 위해, 부족하지만 늘 노력해 왔습니다. 시대의 아픔과 이웃의 고난을 돌보고자 애써왔습니다. 3·1절과 광복절 예배를 통해 교회의 역사적 사명을 다짐했고, 9·11 테러, 남부 아시아의 지진 그리고 세월호 사건과 같은 이웃의 아픔에 동참하고자 노력했습니다. 또한 작은 집, 밥상 공동체와 같은 원주 지역 사회복지 단체와 더불어 지역 사회를 섬겨 왔습니다. 원주의과대학내의 대학교회로서의 정체성과 소명의식은 무엇보다 그리스도의 사랑으로 고통 받는 이웃을 치유하는데 있습니다. 죽임의 문화가 세상을 뒤덮고 있는 이 시대에 생명을 사랑하고, 생명을 돌보는 일에 우리 대학교회가 더욱 노력 할 것입니다.

　원주의과대학 대학교회는 특정한 기독교 교파나 교리에 따르지 않고, 연세의 건학 이념인 "진리를 알지니 진리가 너희를 자유케 하리라"는 말씀에 기초하여 왔습니다. 우리 교회는 1958년에 시작된 원주연합기독병원과 1978년에 첫 신입생을 모집한 연세대학교 원주의과대학을 시원으로 한 교회입니다. 따라서 특정한 개신교 교파나 교리에 의존하지 않고, 초교파적 특성을 지향하여 왔습니다. 이는 연세대학교가 130년간 지켜온 기독교 정신과도 일맥상통합니다. 우리 교회를 거쳐 간 목회자들의 출신 교단과 교파는 다양했습니다. 그러나 그리스도 안에서의 일치와 연합이라는 에큐메니칼 정신을 존중하며 협력하여 선을 이루어 왔습니다. 또한 대학교회답게 우리 사회가 요청하는 건전한 윤리의식과 역사의식을 지닌 교회로 성장하여 왔습니다. 맹목적 신앙을 지향하며 겸손한 이성과의 조화를 통해 시대가 요구하는 지성적인 젊은 그리스도의 제자들을 육성해 왔습니다. 앞으로도 이러한 노력을 우리 교회는 쉼 없이 경주할 것입니다.

　30년사를 발간하기 위해 옛 자료들과 주보를 정리하면서, 참으로 많은 것을 느끼게 되었습니다. 빛바랜 낡은 주보의 행간 사이로 수많은 분들의 기도와 헌신을 엿볼 수 있었습니다. 오래된 사진을 보고 있자니 지나간 시간들이 추억으로 알알이 맺혀 있었습니다. 교우들의 한숨어린 기도가, 때로는 기쁨의 찬송이 들려오는 것 같았습니다. 어려운 순간에도, 기쁘고 즐거운 순간에도 늘 주님이 우리 교회와 동행하고 있었습니다.

30년 전 초대 담임목사를 맡아 주셨던 박정세 교목님이 학생들과 일군 작은 씨앗이 이제 어느덧 자라 중년의 모습을 하고 있습니다. 어려운 시절 교회를 지켜 주시고, 지금은 하나님 곁에 계신 김영호 목사님, 힘을 보태주신 박명철 목사님께 감사드립니다. 그리고 대학교회의 기틀을 세우신 박정진, 임걸 목사님, 협동목사로 수고해 주신 김한성 목사님께 깊은 고마움을 표하고 싶습니다. 일일이 이름을 열거하지는 못하지만, 목사님들과 함께 묵묵히 우리 대학교회를 섬겨주신, 수많은 부교역자님들께 깊은 감사를 전합니다. 그리고 어려운 여건 속에서도 집필을 맡아 주신 박종현 교수님께도 교우들을 대표하여 고마움을 전하고 싶습니다. 이 작은 역사가 뿌리가 되어 50년, 100년을 넘어서는 창대한 대학교회의 역사로 성장하기를 기원합니다. 지금까지 우리 교회를 돌보아주신 하나님께 모든 영광을 돌립니다.

2015. 11
대학교회 담임목사 정승우

연세대학교 원주의과대학 대학교회 설립 30주년을 축하합니다. 유서 깊은 역사의 도시 원주에 개신교 선교부의 활동이 시작되고 그 후 서미감 병원이 설립되어 기독교 의료를 실시한 것이 이미 한 세기가 되었습니다. 연세대학교 원주의과대학이 원주기독병원을 계승하여 원주의 기독교 선교와 연세의 기독교 정신이 연합을 하여 영서 지역의 기독교 선교와 봉사의 중추적 역할을 하여 빛과 소금의 역할을 하여 왔습니다.

연세대학교 원주의과대학 대학교회는 1985년 설립되어 원주의과대학 구성원들과 지역의 그리스도인들이 연계하여 기독 의료인 양성, 기독교 선교와 사회봉사 그리고 지역 기독교 공동체들과의 연합을 목표로 한 길을 걸어 왔습니다.

그 외길이 이제 30여년이 되어 대학교회는 그간의 풍상을 이겨내고 건장한 청년기를 맞이하고 있습니다. 이 작은 책자는 지난 30년간 대학교회가 걸어온 작은 발자취를 더듬은 것입니다. 원주의과대학 대학교회는 국내 유일의 의과대학에 소속된 교회입니다. 그렇기 때문에 기독교 정신과 의료 활동이 하나로 엮여서 원주의과대학만의 독특한 발자취를 가지게 된 것입니다.

그러나 원주의과대학 대학교회는 자신의 역사를 30년 후에 기록하게 될 것이라고 예측하지는 않았습니다. 그 기간 동안 때에 따라 주시는 은혜와 인도 그리고 소명 의식에 따라 마땅히 행해야할 직무들을 수행해 온 것뿐입니다.

이 원주의과대학 대학교회 30년사는 주로 두 가지 사료에 의존하였습니다. 교회 설립 이후 발간한 주보와 2000년 이후 기록된 운영위원회의록과 2006년부터 만들어진 목회 보고서입니다. 그간의 교회의 활동이 시시콜콜 상세히 기록되어 있지는 않지만 교회의 역사가 대강이나마 기록되어 대학교회의 발자취가 남아있어 그 사료를 토대로 이 작은 책자가 나올 수 있었습니다.

연세대학교 원주의과대학 대학교회 창립 30주년을 맞이하여 교우들이 교회의 발자취를 중요한 발걸음을 통해 돌아보고 앞으로 교회의 소명과 비전을 찾아가는데 조금이라도 도움이 된다면 더할 나위없는 기쁨이 될 것입니다.

교회 창립 30주년을 맞아 30년사를 기획하고 간행하도록 결정을 한 교회 운영위원회에 감사를 드립니다. 그리고 이 기록이 정리되고 책으로 엮어지도록 기획하고 추진한 대학교회 정승우 목사님께 감사의 말씀을 전합니다. 교회의 과거를 회고하는데 도움을 주신 김춘희 권사님, 김상하 교우님께 감사의 말씀을 전합니다. 그리고 사료를 모으고 도움을 주신 이지현 목사님과 임이삭 전도사님께도 감사드립니다. 책을 출간하여 주신 도서출판 동연 김영호 장로님께도 감사의 말씀을 드립니다.

2015년 8월 31일
국사봉 자락에서
박종현 목사 識

차 례

발간사 · 5

저자의 글 · 9

I. 연세대학교 원주의과대학 대학교회 설립 경위

1. 원주 기독교 선교와 연세대학교 원주의과대학 · 17
  1) 원주 지역 개신교 선교 · 17
  2) 서미감병원의 설립 · 19
  3) 원주연합기독병원의 건립 · 20
  4) 머레이 이사장과 문창모 원장 · 21
  5) 원주기독병원과 원주 지역사회 · 24
  6) 연세대학교와 원주기독병원 · 25
  7) 연세대학교 원주의과대학의 개교 · 26

2. 연세대학교 원주의과대학 대학교회의 태동과 발전 : 1985–1999년 • 28

　1) 연세대학교 원주의과대학 대학교회의 시작 • 28

　2) 연세대학교 원주의과대학 대학교회의 정초 • 31

　3) 대학교회 정초기의 박정세 목사의 목회 활동 • 34

　4) 1986년도의 사역 • 38

　5) 1987년의 대학교회 사역 • 42

　6) 1988년의 대학교회의 현황 • 44

　7) 1989년도의 대학교회 • 49

　8) 1990년의 대학교회 • 53

　9) 1991년의 대학교회 • 56

　10) 1992년도의 교회의 사역 • 61

　11) 1993년도의 대학교회 • 66

3. 연세대학교 원주의과대학 대학교회의 시련기 • 70

　1) 박정세 · 윤병민 목사의 이임과 김영호 · 김승환 목사의 부임 • 70

　2) 1995-1996년도의 대학교회 현황 • 75

　3) 1997년도 대학교회의 현황 • 76

　4) 대학교회의 1998년도 목회 • 78

　5) 1999년의 대학교회 • 79

Ⅱ. 연세대학교 원주의과대학 대학교회의 재도약 – 2000년대

1. 박정진 목사의 부임과 대학교회의 재정비 • 83

  1) 2000년도 김승환 목사의 이임과 박정진 목사의 부임 • 83

  2) 2001년 대학교회의 방향 모색 • 91

  3) 2002년의 대학교회의 사역 • 97

  4) 대학교회의 2003년의 발전 • 105

  5) 대학교회의 2004년도 사역 • 112

  6) 2005년도의 대학교회의 현황 • 122

2. 임걸 목사의 부임과 교회 목회 행정과 목회 리더십의 강화 • 131

  1) 2006년 대학교회의 발전 방향 • 131

  2) 2007년 대학교회의 사역 • 148

  3) 2008년의 대학교회의 성장 • 157

  4) 2009년 대학교회의 사역과 선교 • 164

III. 미래의 비전과 사명을 향해 나가는 대학교회

1. 박정진 목사의 대학교회 재파송 • 175

　1) 2010년 대학교회의 사역과 성장 • 175

　2) 2011년 대학교회의 사역 • 184

2. 김한성 목사의 대학교회 부임 • 192

　1) 2012년 대학교회의 사역 • 192

　2) 대학교회의 2013년 사역 • 201

3. 정승우 목사의 부임과 대학교회의 선교 • 208

　1) 2014년 대학교회의 사역 • 208

　2) 2015년 창립 30주년의 대학교회 • 216

IV. 나가는 말

V. 부록

1. 교우들의 대학교회 회고담 • 229

2. 원주의과대학 대학교회 연표 • 243

3. 대학교회 현황 • 249

4. 연세대학교 원주의과대학 대학교회 장학생의 약속 • 252

5. 연세대학교 원주의과대학 30주년 비전선언문 • 253

I. 연세대학교
원주의과대학
대학교회 설립 경위

1. 원주 기독교 선교와 연세대학교 원주의과대학

1) 원주 지역 개신교 선교

연세대학교 원주의과대학 대학교회는 우리나라에 있는 대학교회들 중에서 단과대학인 의과대학에 소속된 대학교회라는 점에서 그 유례를 보기 어려운 특징이 있다. 1985년 9월 1일 출범한 원주의과대학 대학교회는 지난 30여 년간 의과대학 구성원들의 신앙공동체로서 지역 사회에 봉사하는 의료와 복음의 선교공동체로서 그 사명에 충실하여 왔다.

원주는 우리나라 지리의 중심부에 위치하는 도시로서 인구, 행정, 군사의 중심지였다. 이곳에 기독교 선교가 이루어진 것은 1896

년 미국 남감리교회의 리드(C. F. Reid) 선교사의 사역으로부터 시작하였다. 한국에 개신교 선교가 시작된 지 12년 후에 원주 지역 선교가 시작되었다.

처음 두 명의 선교사가 파송되었다. 태백산맥 동쪽의 영동 지역은 캐나다 출신으로 의사이며 선교사였던 하디(R. A. Hardie) 목사가 맡았고, 영서 지방은 리드 목사가 맡아 선교를 시작하였던 것이다. 이렇게 시작된 감리교회의 선교 결과 약 10년 후인 1905년 원주에 처음으로 교회가 설립되었다. 1905년 4월에 설립된 원주 제일교회가 원주 지역 최초의 교회가 되었다.

1905년 9월 재한복음주의선교사연합공의회에서는 전국의 장로교와 감리교의 선교 구역을 재정비하기로 결정하였다. 소규모 인원으로 한국 전역을 선교해야 했던 선교사들은 동일 지역에 여러 교파가 결집하여 선교함으로써 인적, 물적 자원의 중복 투입을 막고 효율적 선교를 위해서 지역 분할 정책을 실시하였다. 원주 지역은 처음 남감리회에서 선교를 시작하였으나 이 공의회의 결정으로 일시적으로 북장로교 관할이 되었다가 최종적으로 북감리회의 선교 구역으로 배정되었다.

초기부터 감리교회의 선교가 활발했던 원주 지역은 해방 후 지역분할 정책이 종결되고 난 후에 성결교회, 장로교회, 침례교회 및 순복음교회와 그리스도교회가 진입하여 활발하게 선교 활동을 전개하고 있다.

2) 서미감병원의 설립

원주 지역이 북감리회로 이관된 후에 노블(W.A. Noble)과 데밍(C. S. Deming) 목사가 원주 지역의 순회 사역자로 파견되어 활동하였다.[1] 미국 감리교회의 선교는 의료와 교육에 치중하는 선교를 하였다. 이것은 한국의 근대 의료와 교육의 발전에 크게 기여한 선교 방식이었다.

1913년 미국 감리교회 의료 선교사 앤더슨(A. G. Anderson) 부부는 미국의 스웨덴감리교회의 후원금 5000불을 기금으로 스웨덴 감리교 병원을 설립하게 되었다. 1913년 11월 15일 개원한 이 병원은 이듬해인 1914년 4월에 봉헌식을 치렀다. 지하 1층 지상 2층으로 지어진 이 병원은 17개 병상 규모의 병원으로 강원도 지역뿐 아니라 충청 지역까지 환자들이 내왕하여 진료를 받아 당시 강원 지역 의료 선교의 거점으로서 막중한 역할을 수행하기 시작하였다.

개원 초기에는 앤더슨과 레퍼트(R. R. Reppert) 선교사가 열심히 사역하였다. 1921년 앤더슨은 평양의 기홀 병원으로 옮겼고 1922년부터 1925년까지 병원은 문을 닫았다. 1925년 미국 감리교의 맥마니스(S. E. McManis)가 파견되어 서미감병원은 다시 활기를 찾았다. 1927년에는 세브란스 의학교 졸업생 이은계가 서미감 병원에 부임하여 왔다.

---

1 원주시,『원주시사』, (원주시: 대양출판사, 2000), 1089.

1933년까지 맥마니스는 서미감병원에서 진료를 실시하였다. 그러나 의료를 통한 복음 선교에 큰 역할을 하였던 서미감병원은 일제의 탄압과 의료 선교사 확보가 어려워 1933년에 삼산의원의 박충모에게 매각되었다.[2]

3) 원주연합기독병원의 건립

머레이 박사(F. J. Murry)

주디 목사

해방과 함께 감리교선교부 병원을 복원할 계획이 수립되었으나 1950년 한국전쟁의 발발로 인해 지연되게 되었다. 1954년 주디 (C. W. Judy) 목사는 원주의 남감리교 선교 부지를 회수하기 시작하여 이를 토대로 원주연합기독병원을 재건하게 되었다. 이때는 감리교회와 캐나다 선교부가 협력하여 기독교병원을 재건하게 되었다. 그 이유는 감리교회는 원래 원주 지역에서 선교를 해오고 있었고,

---

2   연세대학교 원주캠퍼스 30년사 편찬위원회,『연세대학교 원주캠퍼스 30년사』(원주: 연세대학교원주캠퍼스, 2008), 53.

캐나다 선교부는 이 지역에 새롭게 진출하게 되었기 때문이다.

캐나다 선교부는 1890년대 원산과 함흥을 거점으로 함경도 일대에서 선교 활동을 하였다. 그것 역시 선교사연합공의회에서 결정한 지역 분할 정책에 따른 것이었다. 그 후 캐나다 선교부는 선교구역을 확대하여 간도 지역에서 활동을 하였다. 그러던 것이 해방과 함께 분단이 되고, 북한 지역에 공산정권이 수립되면서 캐나다 선교부는 남하하게 되었다. 그 일부는 재일한국인 선교사로 파견되었고 다른 일부는 국내 선교를 위해 남았다. 그중 원주연합기독병원 설립에 참여하여 크게 기여한 이가 머레이 박사(F. J. Murry)와 문창모이다.

4) 머레이 이사장과 문창모 원장

머레이 박사는 1894년 2월 16일 캐나다 노바 스코샤에서 출생하였다. 아버지 머레이 목사는 한국 선교를 희망하였던 선교사 지망자였으나 캐나다 교회의 사정으로 그는 한국에 파송되지 못하였다. 머레이는 초중등 과정을 마치고 웨일즈 대학에 입학하였다. 이 시기에 그녀는 복음전도자로 헌신하게 된다. 1914년 그녀는 달하우지 의과대학에 진학하였다.

문창모 원장

1919년 의과대학을 졸업한 그녀는 의학박사 학위도 받았고, 개업의 겸 대학에서 교편을 잡게 된 그녀는 필생의 꿈인 아시아 선교 지원서를 캐나가 선교부에 제출하였다. 1912년 한국에 도착한 머레이 박사는 간도 용정의 제창병원에서 사역하다가 함경도 함흥의 제혜병원으로 와서 의료 선교에 임하게 되었다. 머레이 박사는 이 함흥 지역을 중심으로 의료, 전도 그리고 교육 사업을 전개하였다.

이때 그녀는 함흥에서 사역하던 '팔룡산 호랑이'라는 별명을 가졌던 맥래(D. Macrae) 선교사와 동역을 하였다. 머레이 박사는 함흥에서 의료 사역 중 결핵퇴치 운동을 확대하여 한국의 결핵 환자를 근절시키는 대담한 사업도 진행하였다.

그러나 1941년 일본이 미국의 진주만을 공격하면서 태평양전쟁이 발발하였고 캐나다는 일본의 적국이 되어 한국에서 활동하는 선교사들은 강제로 출국을 당하게 된다. 1942년 7월 1일 머레이 박사를 포함한 함흥 선교부의 캐나다 선교사 네 사람은 한국을 떠나게 되었다.

1945년 한국은 일본으로부터 해방되었으나 머레이 박사는 함흥으로 귀환할 수 없었다. 북한에 공산정권이 들어섰고 뒤이어 1950년 한국전쟁이 발발하여 그 이후 캐나다 선교부의 함흥 귀환은 불가능하게 되었다. 머레이 박사는 한국에 돌아와 세브란스 병원에서 의료 활동을 재개하였다. 그녀는 세브란스병원 부원장, 소아과 과장, 간호학교 고문, 세브란스와 이화여대 의과대학 교수 및 이화여대 부속병원 원장 서리로 활동하였다. 이것이 머레이 박사가 세브란스 병원과 맺은 인연이었다.

이후 1958년 원주에 감리교 선교부와 캐나다 선교부가 협력하여 원주연합기독병원을 설립하게 되었고 머레이 박사는 여기에 초대 이사장으로 활동하였다. 머레이 박사는 이 시기에 나병 치료에 심혈을 기울였고, 기독교교육에도 깊은 관심을 갖고 있었다. 머레이 박사는 한국에서 1969년 5월까지 의료 선교사요, 의학자요, 기독교교육자로서의 사역을 마감하고 캐나다로 귀국하였다.

원주연합기독병원이 재건 될 때 초대 원장은 한국의 슈바이처라고 불렸던 야성(野聲) 문창모 박사였다. 그는 1907년 4월 평안북도 선천 출생으로 유복한 가정에서 양육되었다. 부친은 당시로서는 드물게 대학 교육을 받은 이여서 문창모는 오산학교 배재고보 등 신교육을 받았다. 배재학당 재학 중인 1926년 6·10 만세 사건으로 3개월 간 서대문형무소에서 옥고를 치렀다.

그는 세브란스 의학교에 진학하여 의사가 되었고, 1933년 평양기독병원을 거쳐 1937년 해주에서 개인 병원을 개원하였다. 그는 1938년 감리교 총회 대의원으로 활동하였고 감리교 신앙을 생애 내내 지켜나갔다. 1953년 대한결핵협회를 조직하였고, 일제 강점기 셔우드 홀에 의해 만들어졌다가 일제에 의해 없어진 크리스마스 씰을 1953년부터 다시 보급하여 한국의 결핵 퇴치 운동에 앞장섰다.

1958년 원주연합기독병원이 건립될 때 초대 원장으로 선임되어 의료 선교에 공헌하였다. 1964년부터 원주 시내에 '문 이비인후과'를 개업하였다. 개업 의사였지만 토요일마다 농촌 지역에 나가 순회 진료를 하여 어려운 이웃을 도왔다. 2001년 3월 70여년이 긴 의사로서의 길을 접고 은퇴하였다. 1946년 인천도립병원장, 1947년 국립마산결핵요양소장, 1949년 세브란스병원장, 1958년 원주연합기독병원장 등을 역임한 그는 2002년 3월 위대한 의료 봉사자의 생애를 마감하고 하나님께로 돌아갔다.

5) 원주기독병원과 원주 지역 사회

원주기독병원의 정식 명칭은 원주연합기독병원이다. 그것은 원래 원주에서 운영되었던 서미감병원은 감리교에서 운영하던 병원이었으나, 해방 후 캐나다 선교부에서 운영하던 함흥의 제혜병원으로 선교부가 귀환하지 못함으로 인해 원주에서 캐나다연합교회 선교부와 미국연합감리교회 선교부와 한국의 기독교대한감리회와 한국기독교장로회 등 네 기관이 연합하여 원주기독병원의 건립에 참여하였기 때문이었다.

이 네 기관에서는 병원 운영에 각 2명씩의 이사를 동수로 파견하여 균형을 유지하게 하였다. 원주연합기독병원은 '연합'이라는 용어가 '종합' 병원과 혼동을 일으킬 수 있다는 보건사회부의 지시에 따라 원주기독병원으로 개명하였다.

원주기독병원은 원주시 외곽에 위치한 경천원이라는 나환자 거주 지역에 대한 진료 활동에 심혈을 기울였고, 세브란스병원에서 빌려온 결핵 진료용 트레일러를 이용한 진료를 시행하였다. 원주기독병원은 1962년부터 의무기록 제도를 도입하였다. 원주기독병원에서 활동한 의료 선교사는 모두 14명으로 미국과 캐나다에서 최신 의학 정보와 지식을 한국에 전하는 역할도 하였다.

기독교 정신에 입각한 진료와 사회사업 활동으로 원주기독병원의 원주 지역에 대한 역할과 명성도 높아져 갔다. 원주기독병원은 진료 외에도 선교사 부인들이 운영하는 영어학교가 있었고, 병원 내에 장미를 심어 후에는 원주시의 시화로 장미가 선정되기도 하였다. 1970년대에는 원주 지역 순회 진료를 실시하여 원주기독병원은 원주 지역 사회의 중추적 의료기관이며 동시에 기독교 선교의 전위적 역할을 감당하고 있었다.

6) 연세대학교와 원주기독병원

원주기독병원은 1971년 9월부터 연세대학교와 재단 구성을 논의하면서 합병 논의가 시작되었다. 1972년 5월 캐나가연합교회 선교부와, 6월 미국감리교 선교본부에서 합병을 원칙적으로 승인하였다. 1973년 5월에는 연세대학교 이사회에서 승인이 이루어져 합병이 가시화되었다. 여러 가지 합병에 따른 법적 문제를 숙의하고, 1974년 10월 한국기독교장로회, 1975년 2월 기독교 대한감리회에서 합병 승인이 이루어졌다. 1976년에 원주기독병원의 전 재산에 대한 연세대학교로의 무상 양도가 인가되었다. 1976년 3월 6일 원주에서 연세대학교와 원주기독병원의 합병을 경축하는 개원 예배를 거행하였다.

연세대학교와 원주기독병원의 합병은 초기부터 있었던 세브란스와 원주기독병원의 교류가 있었던 것, 동일한 기독교 정신에 의해 설립된 것, 의사의 상당수가 연세대학교 의과대학 출신이었다는 것 등이 합병의 추진력을 준 요소들 이었다.

7) 연세대학교 원주의과대학의 개교

1970년대부터 수도권 인구 과밀화를 억제하기 위한 정부의 시책으로 대학의 지방 이전이나 지방에 분교를 개교하는 것을 장려하기 시작하였다. 연세대학교에서는 이러한 정책의 흐름에 따라 원주 분교 이외에도, 1978년에 경남 창원에 분교를 개교할 계획을 수립하였다. 그러나 여러 가지 여건을 고려하여 조속한 추진 대신에 신중하게 기다리기로 하였다.

연세대학교에서는 원주기독병원을 합병함에 따라 의과대학의 증설을 문교부에 요청하기로 하였다. 한국의 적정 인구 수에 미치지 못하는 의료인 수의 수요에 대응하기 위한 것이 첫 번째 이유였다. 그리고 원주는 영서와 충청의 의료 거점 도시로서 의료 서비스를 제공하고 인구 분산을 추구하는 정부의 정책에도 호응하기 위한 것이었다. 그리고 셋째로 원주기독병원의 규모와 치료 경험이 의과대학 설립을 충족시키고 있다는 판단이었다. 여기에 서울의 연세대학교 의과대학의 지원이 있다면 조속한 시일 안에 의과대학의 발전을 이룩할 수 있다는 복안도 작용하였다. 1976년 연세대학교 원주의과대학 설립 신청이 이루어졌고 그 이듬해인 1977년 12월에 정원 40명의 연세대학교 의과대학 원주분교 인가를 받았다. 그리하여 연세대학교는 원주에 원주기독병원과 의과대학을 운영하게 되었다.

1978년 의과대학이 개설되고 나서 1980년 기존의 의예과와 보건학과 외에도 영문과, 수학과 등 7개 학과가 신설되었고 1981년 1월에는 원주분교가 원주대학으로 승격하였고, 인문사회과학부, 자연과학부, 의학부로 편제되어 연세대학교 원주캠퍼스의 체계적인 조직정비가 완수되게 되었다. 연세대학교 원주캠퍼스는 다음과 같은 기독교 정신과 민주교육의 정신을 지향한다는 교육 이념을 명시하였다.

연세대학교 의과대학 원주분교는 기독정신 및 민주교육의 근본이념에 입각하여 의학의 심오한 이론과 응용을 교수 · 연구하는 동시에 국가와 인류사회 발전에 기여할 지도자 양성을 목적으로 한다. 따라서 다음과 같은 속성을 갖춘 졸업생을 배출하는데 그 목표를 둔다.

1. 기독정신에 입각한 대학인으로서 갖추어야 할 기본적 인격도야

1. 의학의 이론과 응용을 바탕으로 하여 졸업과 동시에 1차 의료를 담당할 수 있는 유능한 의사

연세대학교의 설립 정신인 기독교 정신과 학문의 수월성을 통해 지도자를 육성하고 인류 사회에 봉사할 수 있는 인재를 양성하여 나가는 것이, 이 원주캠퍼스에도 동일하게 요구되는 것이었다. 이를 위해서는 연세대학교의 학문의 전통과 이를 뒷받침하는 기독교 정신의 구현이 필수적으로 요청되었다.

2. 연세대학교 원주의과대학 대학교회의 태동과 발전: 1985-1999년

1) 연세대학교 원주의과대학 대학교회의 시작

연세대학교 원주의과대학 대학교회 주보에 따르면 1985년 9월 8일 오전 9시에 드린 주일예배가 주보 1권 1호로 간행되어 있다. 그러나 2006년 발간된 연세대학교 원주의과대학 목회 보고서에 따르면 대학교회의 시작은 1981년으로 거슬러 올라간다.

박정세 교목은 1979년 3월에 전임강사이며, 연세대학교 의과대학 원주분교 교목으로 파견되었다. 이 무렵부터 원주캠퍼스에서는 신촌캠퍼스와 동일하게 채플과 신앙 강화 주간, 실험 예배 등을 시행하였다. 당시 학생들은 신입생과 저학년 학생들이었고 신설 캠퍼스이니만큼 타 지역에서 온 학생들이 대다수를 차지하였다. 학생들의 타지에서 학업의 어려움과 적응을 위하여 목회 사역이 절대적으로 필요한 시점이었다. 이에 박정세 교목과 사회학을 강의하는 김영기 교수가 함께 뜻을 모아 학생들을 대상으로 그룹 상담을 실시하고 신앙 지도를 하며 학생들의 캠퍼스 생활과 신앙 활동 및 학업에 필요한 상담과 도움을 주기위하여 학교 차원에서 다각도로 해결책을 모색하였다.

이러한 노력의 결실이 쌓여 1981년 4월 원주캠퍼스 교목이었던 박정세 목사가 '금요 대학생 교회모임'이라는 의과대학의 기독교 공동체를 이루어 그리스도의 예배 공동체를 시작하였다.

1981년부터는 원주분교라는 학교 명칭이 연세대학교 의과대학

창립예배 주보

원주대학으로 바뀌었고 기존의 의학부 외에 인문사회학부와 자연과학부가 생겨서 학생 수가 크게 증가하였다. 이에 따라 교목실의 활동도 그 영역이 확장되었고, 이를 뒷받침하기 위한 사역자의 충원을 필요로 하게 되었다. 교목실에서는 이러한 요구에 부응하여 교목실 조교 김동욱 전도사를 초빙하게 되었다.

처음 채플과 신앙 주간이 개설되고 학생들을 위한 다양하고 실험적인 채플과 기독교 프로그램이 진행되었다. 이 실험 예배는 1970년대 연세대학교 교목실에서 처음 도입한 것으로서 원주캠퍼스에도 이것을 도입하여 새로운 젊은 세대에게 설득력 있고 다양한 예술적 방법을 통한 복음과 기독교 정신의 전파라는 사명을 이루기 위한 목표 의식을 갖고 도입한 것이었다.

원주캠퍼스에서 진행한 실험 예배는 신앙 강화 주간을 통해 실시했는데 낮 시간에는 '판소리 예수전'을 저녁 시간에는 '기독교 영화'를 상영하였다. 이 신앙 강화 주간 행사를 통해서 1981년도에만 17명의 학생들이 회심을 경험하고 기독교 신앙에 헌신하게 되었다. 교목실에서는 이 회심한 학생들에게 의과대학교회의 전신이었던 '금요 대학생 교회 모임'을 통해서 감격스런 세례를 베풀었던 것이다. 그 후 매년 이 '대학생 교회'에서 회심하여 기독교 신앙인으로 살아가기로 작정한 학생들에게 세례를 베풀었다.

이것은 대학교회의 탄생의 역사적 의미를 부여한 중요한 계기가 되었다. 연세의 기독교 정신과 학문 공동체로서의 성격이 융합하여 학생과 교직원 나아가서 지역사회 선교의 기틀을 마련하는 대학교회의 역할이 예시된 것이었다.

최초의 대학생교회는 학교 근처에 기거하는 학생들을 위한 모임이었다. 교회에 참여한 학생들은 모두 4개의 구역으로 나누어 정해진 하숙집에서 성경 읽기 모임을 진행하여 지역 모임을 구성하였다. 그리고 여기에 김동욱 전도사가 매주 한 구역 식을 방문하여 학생들을 지도하고 상담을 진행하였다. 이 4개의 구역 모임을 통해서 학생들이 겪는 실제적 필요와 고충을 듣고 이를 돕기 위한 조치들을 시행하였다.

그중에서는 과중한 하숙비와 생활비를 도와주기 위하여 원주 지역의 교회와 연계하여 교회 교인들의 가정에서 학생 하숙을 받아주도록 하여 하숙 비용 절감을 돕기도 하였다. 이 사업은 원주 지역 교회들의 적극적인 협조로 70여개의 방을 하숙으로 제공하겠다는 의사 표시가 있었고, 1982년도에는 신입생 120명에게 하숙을 소개하고 교목실에서는 하숙하는 학생들을 격려하고 돌보기 위하여 그 학기 말에 하숙생들의 숙소를 방문하였다. 이 교회와 하숙생을 연결하는 사업이 순조롭게 정착되어 교목실에서는 매년 학생과 지역 교회 하숙을 연결하는 사업을 진행하였다.

2) 연세대학교 원주의과대학 대학교회의 정초

초창기 박정세 목사를 도와 '대학생교회'를 섬기던 김동욱 전도사는 목사 안수를 받고 유학을 위해 교회를 사임하였다. 그 후임으로 대학교회에 부임한 것이 정석환 전도사이다. 정석환 전도사는 연세대학교 신과대학을 졸업하고 원주의과대학 대학교회에서 사역하게 되었다. 정석환 전도사가 부임한 이 무렵부터 학생 채플은 새로 건축한 병원 예배실에서 진행을 하게 되었다. 그리고 보건과학대학이 매지리로 이전하게 되어 의과대학의 학생 수가 줄어들게 되었고, 이에 따라 교목실에서는 더욱 활동에 내실을 기하는 쪽으로 사역의 방향을 움직이게 되었다. 이때부터 다양한 모임들이 활성화되었다. 수요학생 성서연구모임, 화요 직원 성서연구 모임, 교수 성서연구 모임, 교수 부인성서연구 모임 등 여러 모임들이 생겨나 활성화 되었다.

1985년 9월 8일에 기존의 대학생 교회는 대학교회로 개칭하여 병원 예배실에서 모임을 가지며 학생들의 구역 모임을 '순례자의 모임'으로 명명하고 그 뜻을 살리려고 하였다. 이렇게 대학교회는 설립 후 수년이 지나면서 전체적으로 체계를 잡아가기 시작하였다.[3]

정초기의 대학교회는 박정세 교목과 정석환 전도사 외에도 캠퍼스 내의 동역자들이 함께 사역하였다. 1985년에는 박정세 교목과 정석환 전도사외에도 임화식 전도사가 월 1회 정도 설교를 맡아 함께하였고, 1986년도부터 1988년도까지는 임화식 전도사 외에도 원주캠퍼스 인문대학의 노정선 목사가 함께 설교에 참여하여 설교도 풍부해지고 사역의 협력의 범위가 확장되었다.

---

3   대학교회, 『연세대학교 원주 의과대학 대학교회 2006년 목회보고서 1』, 2006.3-2006.8. 3.

1985년 9월 8일 오전 9시 30분 '연세대학교 원주의과대학 대학교회'라는 공식적인 이름으로 예배가 드려지게 되었다. 특별한 행사는 없었던 소박한 의과대학 신앙 공동체의 예배였다. 사회는 정석환 전도사 설교는 박정세 목사가 요한복음 1장 1-14절 서막을 본문으로 "최초의 창조"라는 제목을 설교 하였다. 그 이유는 대학교회 예배를 절기에 맞추어 예배를 드렸는데 그 주가 창조절 첫째 주였기 때문이었다. 공동기도의 내용은 신앙인의 가장 근원적인 그러나 신앙인의 생활에서 지켜져야 할 이웃에 대한 관심이 내면적으로 회복되기를 기도한 것이었다.

> 전능하신 하나님, 예수 그리스도 안에서 저희를 하나님의 백성으로 불러주셨으나, 저희는 주님께서 명령하신 바를 이행하지 못했습니다.
> 입을 가지고 말을 꼭 했어야 할 경우에도 자주 침묵을 지켰고, 저희를 필요로 한 경우의 사람들 에게도 모르는 체 외면해오고 말았습니다.
> 저희는 게으른 종입니다. 생각이 둔하고 마음이 무디어서 이웃을 주님의 사랑으로부터 돌아서게 만들었습니다. 그러나 주님, 이런 저희이건만 자비를 베풀어 주셔서, 저희 허물을 용서하시고 저희를 죄에서 해방받게 도와주시옵소서.
> 우리 주 예수 그리스도의 이름으로 비나이다.[4]

---

4 1985년 9월 8일자 대학교회 주보.

당시 대학교회의 설교를 맡았던 네 분 사역자들의 설교는 신학과 개성이 강하였다. 박정세 목사의 설교는 학문적 깊이와 성찰이 돋보이는 설교를 하였다. 정석환 전도사는 실 생활에 밀착된 설교를 통해 교우들의 교제를 이어주고 공동체성을 높여주는 설교를 하였다. 임화식 전도사는 문과대학과 경법대학 교목실 소속으로 칼빈주의 신학에 입각한 정통교리와 복음적 설교를 통해 교우들에게 신앙을 확립하도록 도와주었다. 노정선 목사의 설교는 1986년 3월 9일 설교를 통해서 보이듯이 사회정의를 강하게 드러내는 설교를 하였다. 그날 노정선 목사는 사도행전 4장 1-12절을 본문으로 하여 "누르는 자의 종교와 눌린 자의 종교"라는 제목으로 설교하였다.

3) 대학교회 정초기의 박정세 목사의 목회 활동

1985년 가을 새로운 출발을 다짐한 대학교회는 '원주 시내에 거주하는 모든 대학인들과 일반인들을 대상으로' 복음을 전하는 것을 새롭게 다짐하였다. 친교와 교회 공동체의 구성을 견고하게 하기 위하여 예배 후에는 친교 모임을 실시하였다. 조촐하나마 다과를 준비해서 새로 대학교회를 방문한 이들을 초청하는 모임을 구성하였다. 그리고 교인등록 카드를 준비하여 대학교회에 출석하려는 신자들을 이전 보다 적극적으로 등록시키고 신앙 교육을 시키기 위한 준비를 갖추어 나갔다. 더불어 주일예배에 신도들의 참여를 높이기 위해 예배 자원봉사를 위한 연락망을 교목실에 갖추어 신자들의 교회 참여를 장려하였다. 아울러 기존에 대학생 교회였을 때의 구역 심방 제도를 강화하여 심방과 상담을 원하는 이들이 언제든지 목회적 돌봄 서비스를 받을 수 있도록 교목실에 연락 체계를 구축하였다. 대학교회는 대학 구성원들과 원주 지역 사회를 목회적으로 연결하려는 새로운 체계 구축을 위한 시도를 과감하게 실시하였던 것이다.

그리고 예배 전 교우들을 위한 아침 기도회를 주일 오전 8시에 열어서 예배 준비와 교우들의 경건 훈련에 만전을 기하였다. 또 대학교회에는 학생들과 교직원 및 지역 시민들 외에도 원주세브란스 병원에 입원한 환우들이나 그 가족들도 참석하는 경우가 있었다. 대학교회에서는 병원 원목실과 협의하여 대학교회에서 예배를 환우 가족들에게 개방함과 아울러 원목실에서 주관하는 예배를 대학교회의 예배시간인 9시 30분과 차별하여 11시에 개설하여 환우들과 예배 참석자들을 배려하였다. 주일 예배는 사회자가 예배를 진행하지 않는 무언(無言)사회를 실시하여 예배의 흐름을 빠르게 진행하였고 이를 위해 주보에 예배는 사회자의 진행 없이 주보에 기재된 순서대로 진행된다는 것을 공지하였다.

1985년 9월 경, 대학교회의 예배 참석 인원은 대략 50명 선을 유지하고 있었다. 9월 8일 예배 참석자는 51명에 헌금이 53,500원이었고 9월 15일 주일예배 출석 인원은 49명이었고 헌금은 37,800원 이었다. 주일 오전의 아침기도회의 평균 출석 인원은 10명 내외 수요일 오후 5시 30분부터 진행하는 수요성서 모임의 평균 출석 인원은 12명으로 유지되고 있었다.

매지리 캠퍼스와 의과대학교회의 연합하는 사역을 위해 학기별로 연합예배를 기획하여 양 캠퍼스의 교류를 도모하였다. 1985년 가을 학기에는 11월 3일을 기해 매지리 캠퍼스 교회와 연합 야외 예배를 드렸다. 장소는 매지리 캠퍼스였고, 양 교회의 교우들이 참석하여 예배와 사귐의 시간을 갖고 선교의 비전을 공유하였다.

대학교회에서는 봄과 가을 두 번에 걸쳐 그 동안 대학교회에서 신앙생활을 시작하게 된 새 교우들에게 교리 훈련을 마치고 세례를 베풀었다. 봄의 부활절과 가을의 추수감사절을 그리고 방학 중에 학기 중 신앙을 받아들인 이들에게 방학을 기해서 세례를 베풀었다. 1985년 가을에는 11월 17일이 추수감사주일로서 이날 세례를 거행하였다.

감격스런 대학교회의 추수감사절 세례식은 추수감사예배를 드린 후에 박정세 목사가 구약성서 신명기 16장 9-12절 신약성서 마태복음 3장 16-4장 4절까지 본문을 토대로 "감사절 과 세례"라는 제목의 설교를 하였다. 그 후 세례와 성만찬을 진행하였다. 박정세 목사는 가을의 결실을 맞이하는 추수감사절과 영적 결실로서의 세례의 중요성을 메시지로 연결시켜 대학교회가 참된 교회로서 영적 결실이 맺어지는 교회임을 선포하였다.

이날의 세례 예식에서는 하인홍(의4), 오은경(의4), 노우선(영3), 이경옥(보2) 등 네 명의 학생이 세례를 받고 하나님의 자녀로 거듭났다. 대학교회에서는 추구감사절 기념 행사로 바디메오 중창

단을 초청하여 '선교의 밤' 행사를 진행하였다. 선교의 밤은 11월 19일 화요일에 진행되어 대학교회 교우 및 인근 지역 주민들도 참석하여 자리를 빛내 주었고 대학교회의 지역 선교의 의지를 보여준 의미 깊은 행사였다. 대학교회는 이 정초기에도 지역 사회와 연대하여 복음을 전하고 교육과 의료의 선교를 지향하는 연세의 기독교 정신과 봉사의 자세를 알렸다.

시간이 지남에 따라 교우들의 예배에 참여도도 높아지기 시작하였다. 그해 12월 15일 예배에는 처음으로 교우들의 특송이 준비되어 예배에 드려졌다. 김승일, 강신영 교우가 특송을 준비하여 예배를 드렸다. 12월 24일 성탄 축하 예배는 음악예배로 드렸다. 그리고 그 다음 주는 종강을 맞아 예배 시간을 개편하였다. 학기 중에 9시 30분에 예배를 드리던 것을 11시로 옮겼고, 많은 학생들이 방학을 맞아 각기 자택으로 귀가하여 예배 참석 인원이 줄었기 때문에 예배를 기도실에서 성경 공부 모임의 형식으로 드리게 되었던 것이다.

1월 중에는 빌립보서 연구를 진행하며 예배를 드렸고 2월 중에는 골로새서 연구를 진행하며 예배를 드렸다. 각 서신의 한 장씩을 매주 연구하여 성서 연구를 심화하면서 방학 중 예배를 이어나갔다. 학기 중에 신앙생활을 시작하여 복음에 감동이 되어 방학이 되자 세례를 받은 학생들이 있었다. 그들은 1986년 1월 26일 11시 주일 예배를 통해 8명의 성도가 세례를 받았다. 그들은 이윤선, 연규홍, 주비자, 진영옥, 김용수, 임성희, 김희모, 이종석 들이 그들이었다. 그리고 예배 후에는 세례 받은 이들을 축하하는 조촐하지만 따뜻한 축하 모임이 진행되었다. 대학교회가 교회의 본질인 복음 사역의 중심을 놓치지 않고 있다는 증거였다.

4) 1986년도의 사역

1986년도부터 대학교회의 주일 예배 설교자가 기존의 박정세 목사, 정석환 전도사, 임화식 전도사에 매지리 문과대학의 노정선 목사가 동역하게 되었다. 평화운동가이고 기독교윤리학을 가르치는 노정선 목사는 사회정의와 평화운동에 대한 메시지를 전파하여 대학교회의 설교를 더욱 다양하게 하였다. 노정선 목사는 1986년 3월 9일 개강 후 첫 번째 대학교회 주일설교를 시작으로 동역하게 되었다.

방학 중에 감소했던 주일예배 출석 인원은 개강이 되면서 정상화가 되어, 첫째 주에는 35명 그리고 둘째 주에는 40명을 넘어서면서 제자리를 잡아가기 시작하였다. 1986년도부터는 일반 교회의 여전도회에 해당되는 부인성서연구반이 새롭게 개설되어, 매주 화요일 9시 30분에 211호 기도실에서 모임을 갖게 되었다. 첫 번째 모임에 참석한 인원은 10명으로 순조로운 출발을 보였다. 부인 성서연구가 시작되어 교회에 봉사가 더 활기를 띠었다. 대학교회는 지역교회가 아닌 관계로 강단미화나 교회에 필요한 봉사가 모자란 편이었는데 부인성서연구를 통해 교회의 여성회가 활발해지면서

1986.11.16. 감사절_박정세 목사 설교

교회에 필요한 봉사의 손길도 채워지는 계기가 마련되었다.

1986년 4월 13일 주간에는 그 동안 문과대학 교목실에서 사역하던 임화식 준목이 목사 안수를 받았고, 4월 20일 대학교회의 강단에서 목사 안수 후 첫 설교를 하였다. 교우들은 예배를 마친 후에 임화식 목사의 안수를 축복하였다.

1986년 5월 18일에는 매지리캠퍼스의 문과, 정법대학 교목실 대학교회와 연합으로 야외예배를 드렸다. 오전 9시 30분 의과대학 교회에서 모여 매지리로 합류하여 야외예배를 연합으로 함께 드리고 양 교회의 친교와 선교의 비전을 함께 나누었다.

6월 29일 예배부터 예배의 예전이 새롭게 변화되었다. 그전까지는 예배시간에 사도신경을 통한 신앙고백을 포함시키지 않았는데 이 날부터 예배에 사도신경을 통한 신앙고백이 들어가 성도들이 신앙고백으로 예배에 깊이 참여하게 하였다.

여름방학이 시작되고 나서 학생들이 원근 각처로 귀가하였기 때문에 대학교회의 예배를 매지리교회와 의과대학교회가 공동으로 드리게 되었다. 예배는 학기 중과 동일하게 9시 30분에 드렸고, 학생들을 위한 수요성서연구는 방학으로 휴강을 하였으나 부인성서연구는 방학 중에도 계속 진행하였다.

대학교회 전도사로 사역하던 정석환 전도사가 한국기독교장로회 강원노회에서 목사 인수를 받았다. 대학교회에서는 정석환 목사의 안수를 축하하였고, 정석환 목사의 안수를 통해 대학교회는 더욱 견고해진 사역자를 갖추게 되었으며, 교회의 사역도 더욱 탄력을 받게 되었다.

1986년도 2학기부터는 대학교회의 조직의 새로운 변화가 있었다. 정석환 목사의 안수를 통해 사역의 범위가 넓어졌고, 학기 중 학생들의 심방과 상담의 필요성의 증대 그리고 부인성서연구반의 활성화와 지역 선교의 역량 강화를 위해서 구역을 편성하기로 하였다. 구역 편성을 통해서 대학교회의 조직 기반을 구축하고 지역선교의 역량을 높이는 기회를 삼기로 하였던 것이다. 구역은 단계아파트 1동 2동, 명륜아파트, 일산동, 학교부근으로 나누어 구역을 편성하기로 하였다. 그해 9월 말부터는 단계 구역과 명륜 구역에서는 구역예배가 실시되기 시작하여 교회의 평신도 모임의 활성화가 눈에 띄게 보이기 시작하였다. 구역은 계속 확장되어 11월에는 기존의 4개 구역에 원동 구역을 추가하여 모두 5개 구역을 편성하게 되었던 것이다.

그뿐만 아니라 기존의 수요학생성서연구반, 부인성서연구반에 직원성서연구반이 새롭게 개설되어 교회 조직의 내실화가 기해지게 되었다. 직원성서연구는 매주 화요일 저녁 6시에 모여 친교와 성서 연구를 함께 나누었다. 그런 점에서 1986년은 교회 조직이 내실화가 이루어지고 견고하게 다듬어지며 견고하게 되기 시작한 시기라고 할 수 있다.

이렇게 교회의 구역 및 성서연구반 개설을 통한 조직의 확대로 1986년 11월 23일 현재 주일예배 참석 인원은 50명, 학생성서연구 15명, 부인성서연구 10명, 직원성서연구 28명 그리고 각 구역 예배가 진행되고 있었다.

1986년 겨울 대학교회는 영적 결실로 세례를 준비하고 있었다. 이번 세례는 12월 14일과 18일 이틀간에 걸쳐 세례자 교육과 교리문답이 있었고, 12월 2일 주일에 36명의 영혼이 그리스도의 복음 안에서 새로운 생명을 경험하는 세례를 받았다. 이때 세례를 받은 이들은 장병식, 정춘희, 기철한, 주희재, 이혜경, 정화영, 송광선, 박태균, 정장균, 윤동선, 최동성, 김성주, 심재욱, 배경태, 지선진, 유재우, 배기만, 이상훈, 엄기명, 임창교, 한승룡, 황성진, 이규태, 이호영, 임양상, 고주열, 이영복, 이범주, 조형구, 강석태, 양상국, 김균태, 김영주, 전원양, 윤치순, 오문종 등 36명이 세례를 받았는데, 대학교회의 감격적인 날이었다.

5) 1987년의 대학교회 사역

1987년도에는 주보의 개편이 눈에 띄었다. 주보 전면에 오늘의 말씀을 삽입하여 한 주간 교우들이 묵상할 만한 성구를 넣었던 것이다. 1987년 1월 4일 개편된 주보에 처음 기재된 오늘의 말씀은 누가복음 5장 37-38절 말씀이었다. 신년을 바라보며 새 마음과 새로운 영적 각성을 다지는 구절이었다. 새해를 주님과 동행하는 생활을 하여 영적 승리를 거두자는 각오도 주보의 광고에 게재되었다.

새 포도주를 낡은 가죽 부대에 넣는 자가 없나니 만일 그렇게 하면
새 포도주가 부대를 터뜨려 포도주가 쏟아지며 부대도 버리게
되리라
새 포도주는 새 부대에 넣어야 할 것이니라.

1987년이 되면서 대학교회는 평신도 영성 강화와 지도자 훈련을 위하여 '순례자의 모임'을 시작하였다. 이미 작년에 편성된 구역에 순장을 세워 평신도 지도자의 역량을 강화하고 구역의 영적 훈련을 높이기 위한 새로운 계획이었다. 이 순례자의 모임에는 일산동 순례자 모임 순장에 김미지자 선생이 단계아파트 순례자 모임 순장에는 최명희 선생이 선출되어 사역에 임하게 되었다. 그리고 대학교회에서는 봄, 가을 학기 중 심방 계획을 수립하고 미리 심방 신청을 받아 실행하기로 하였다.

1987년도에는 3 · 1절 기념예배를 성대하게 기획하여 드렸다. 1987년은 한국 현대사에서 중요한 사건이었던 민주화운동이 절정에 이르렀던 시기였다. 그러한 역사적 맥락에서 대학교회는 3 · 1절 기념 예배를 드리게 되었다. 사회는 정석환 목사 설교는 구약성서 에스라 9장 24-28 신약성서 히브리서 12장 1-7절을 중심으로 박정세 목사가 "3 · 1운동의 신앙"이라는 제목으로 설교를 하였다. 예배의 부름 후 개회 찬송가로 애국가를 제창하고 신앙 고백 후에는 의과 4학년 홍운연 조미애 학생의 독립선언선 낭독이 있었고, 이어 3 · 1절 노래를 합창한 후에 송영으로 통일의 노래를 부르며 예배를 마쳤다. 지성의 전당인 대학에서 기독교 정신을 바탕으로 세워진 연세대학교의 정신과 시대적 요구인 민주화와 통일의 염원을 3 · 1절 기념예배에 담았다.

1987년의 대학교회의 집회는 주일예배 외에 일산순례모임, 단계순례모임, 학생성서연구, 직원성서연구, 교수성서연구 등이 실시되어 지역 사회와 학교 구성원을 아우르는 교회 공동체를 구성하여 지역 선교와 학내 선교의 균형을 이루고 있었다.

1987년 4월 19일 주일예배는 4 · 19 민주혁명 기념과 부활절을 지키는 예배로 드렸다. 대학교회는 부활주일과 4 · 19 기념일이 겹친 이날 한국의 시민정신이 승리하기를 기원하는 박정세 목사의 '부활의 승리'라는 제목의 설교가 있었고, 고영수 학생을 비롯한 51명의 학생이 부활절을 맞이하여 세례를 받고 하나님 나라의 시민으로 새롭게 태어났다.

그해 가을 11월 첫째 주일에 봄부터 조직하기 위해 노력했던 성가대를 마침내 조직하게 되었다. 대학교회는 성가대원 모집을 위한 광고를 그해 4월부터 지속해 오고 있었다. 그리고 마침내 그 결실을 맺게 되었던 것이다. 대학교회 최초의 성가대 명단은 다음과 같았다.

성가대장   김헌주 교수
지   휘   이원유 교수
반   주   김미지자 선생

소프라노   오은경 한현호 박현주 이명순 김지수 임현경
           김경희 신소현 표성민 신미희
엘   토   김미선 신동재 고미경 이지연 이은자 김옥연
           최경숙
테   너   하인홍 민성호 이석준 박수희 원경헌 서정인
           박중현 박경남 석영섭 조은호
베 이 스   최신환 김영호 황태선 원종현 조관수 정호석
           조성민 김남호 남은우

6) 1988년의 대학교회의 현황

1988년은 1987년 민주화 선언 이후에 한국사회가 올림픽을 개최하여 선진경제 국가로의 도약의 토대를 놓은 해였다. 대학교회는

그해 첫째 주일 예배를 요한복음 15장 7절의 "너희가 내 안에 거하고 내 말이 너희 안에 거하면 무엇이든지 원하는 대로 구하라 그리하면 이루리라"라는 말씀으로 시작하였다.

대학교회에서는 신도들이 절기 생활을 지켜나가도록 주보에 절기를 기재하고 절기의 의미를 소개하여 신앙생활을 도왔다. 주현절에는 예수 그리스도처럼 빛나는 신도의 삶을 살아가도록 요청하였고, 사순절에는 보다 경건하고 엄숙한 생활을 하도록 요청하였다. 이러한 시도는 대학교회의 구성원의 상당수가 학생들이었고 또 그중 많은 학생들이 대학교회에서 신앙생활을 시작하였기 때문에 졸업 후에 그들이 흩어지는 곳에서 올바른 신앙규범을 가진 신자로 양육하려는 긴 안목의 신앙 교육을 배려한 것이었다.

그리고 1988년 봄부터 대학교회에 주일학교를 시작하였다. 비록 3월 6일 첫 모임에는 6명의 어린이들이 출석하였으나, 소중한 어린이들을 위한 교회학교를 개설함으로써 대학교회는 어린이에서부터 성인까지 신앙 교육을 체계적으로 할 수 있는 체계를 완비하게 되었고, 교회의 역할을 신장시켜 나갔다. 대학교회 최초의 주일학교 교사는 의과대학 학생들로서 정필호, 조성민, 김남식, 최영규 선생님이 주일학교를 섬겼다.

1988년도 부활절에는 6명의 학생이 세례를 받고 대학교회에 입교하였다. 그해부터는 대학교회에서 세례자의 조건을 재학 중에 기독교 과목을 이수하였거나 대학교회에 출석하여 6개월을 다니고 학습을 받은 이로 정하여 대학교에서 기독교 과목과 신앙생활을 연

성탄이브, 박정세 목사님댁

결하는 시도를 하였다.

1988년도 광복절에는 임화식 목사의 사회와 정석환 목사의 설교로 해방주일 예배를 드렸다. 설교를 전한 정석환 목사는 광복절을 맞이하여 한민족의 압제에서 해방의 역사를 기억하며 그 기쁨과 감격을 되새기며 한민족의 화해와 평화통일을 위한 다짐과 기독교인의 사명을 다하여야 할 것을 설교하였다. 그날 예배 중에 함께 드린 공동 기도에는 대학교회 교우들의 염원을 담았다.

평화의 종으로 이 세상에 오셔서
사랑과 평화를 약속하시고
서로 사랑하라고 명령하신 그리스도 예수님
오늘 저희들의 기도를 들어주옵소서.

8 · 15 해방을 감사하면서

또 한편 분단의 아픔을 호소하면서

저희들의 기도를 들어주시옵소서.

이 땅 한반도에 평화를 주시옵소서

이 민족 이 백성이 서로 사랑으로 만나고

정의롭고 자유로운 통일된 한 겨레로 살아가게 하옵소서.

성령이여 오시옵소서

억눌리고 가난한 우리 백성들에게

희년의 복음, 해방과 자유의 복음을 주시옵소서.

분단으로 묶이고 감옥에 갇힌 사람들을 해방시켜 주시고

탐욕과 욕심과 증오와 질투로 눈먼 사람들을 눈뜨게 하시고

억눌리고 억울하고 의로운 사람들에게

자유와 평화를 주시옵소서.

은혜로우신 삼위일체 하나님

저희들의 예배를 받으시고

영원무궁토록 찬양과 영광을 받으시옵소서

하나님의 정의로운 나라가

이 땅에 오게 하시옵소서

주님의 거룩하신 뜻이

속히 이 땅위에 이루어지게 하시옵소서.

예수 그리스도의 이름으로 기도하옵나이다. 아멘

(1988년 8월 14일 주일 예배 공동 기도)

1988년 9월 4일에는 대학교회는 예배를 드리고 창립 3 주년을 기념하는 조촐한 광고를 내고 축하를 함께 나누었다. 창립 3 주년을 기념하는 예배에는 정석환 목사가 빌립보서 3장 10-16절을 본문으로 "푯대를 향하여"라는 제목으로 설교를 하였다. 정석환 목사는 이 설교를 통해서 대학교회의 창립의 의미를 되새기는 한편 비전과 목표를 사도바울이 푯대를 향하여 목표와 비전을 가지고 나아가야 할 것을 설교하였다.

그리고 그 다음 주에는 대학교회 창립부터 전도사로 교회를 섬겼고 대학교회에서 목사안수를 받았던 정석환 목사가 대학교회를 사임하고 1988년 9월 15일 미국의 시카고의 게렛신학교로 유학을 떠나게 되었던 것이다. 정석환 목사는 지난 4년 간 대학교회의 창립 과정에 박정세 목사와 함께 헌신하였다.

정석환 목사가 이임한지 한 달 후인 1988년 10월 16일 후임으

88년 9월 정석환 목사 송별

로 임광호 전도사가 부임하였다. 임광호 전도사는 첫날 부임하는 예배 설교를 요한일서 4장 7-12절을 본문으로 "사랑을 찾아서"라는 제목으로 설교하였다.

임광호 전도사의 부임 후 대학교회의 예배에 개편이 시도되었다. 우선 찬양이 기존의 찬송가 위주에서 복음성가를 많이 가미하여 풍성한 변화를 시도하였다. 그리고 주보도 개편되어 표지를 없애고 표지에 예배 순서를 싣고 내지에 새로운 복음성가를 실어서 대학교회 예배 중에 새로운 찬양을 배우게 재구성하였다. 그 노래들은 교회의 예전에 필요한 '성찬의 노래' '사랑이 제일일세'와 같은 노래도 있었고 1987년 민주화 운동 이후의 시대상을 반영하는 '금관의 예수' '야훼여, 힘을 내소서'와 같은 노래들도 있었다.

1988년 11월 20일 추수감사예배는 감사절 예배와 성찬과 세례를 동시에 진행하여 그 의미를 높였다. 이날 감사와 성찬을 드리며 입교인으로 박상유 외 3명, 세례는 김윤찬 외 28명이 세례를 받았다. 유아세례는 김윤찬 김선희 부부의 김승걸 어린이가 받았다. 이날은 특히 늘 해오던 사도신경이 아닌 니케아 신경을 신앙고백 순서에 채택하여 장중한 의식에 의미를 부여하였다.

7) 1989년도의 대학교회

1989년도 대학교회 신년예배를 임화식 목사의 인도와 임광호 전도사의 '생명의 축복'이라는 설교로 드렸다. 새해를 맞이하여 성찬을 통해 교우들이 한 몸을 이루는 의식을 드렸고, 한해를 그리스도 안에서 온전하고 거룩하게 드리려는 다짐이 있었다. 1988년도까지는 교회의 조직을 강화하고 구성하는데 역점을 두었으며 1989년도 후반부터는 성찬 예식이 강화되었고 대학교회는 그리스도의 몸으로서 하나가 되어 살아가는 공동체성을 함양하는데 노력하기 시작하였다. 1989년 3월 장기간 해외에 체류하던 박정세 목사가 귀국하여 다시 교목실과 대학교회 사역에 합류하였다.

1989년도 성금요일 예배와 부활절 예배는 정교하게 준비되어 진행하였다. 예수 그리스도의 수난을 기념하고 동참하려는 의지를 표현하는 예배로 드려진 성금요일 예배는 3월 24일 금요일 오후 7시에 임광호 전도사의 사회로 시작하였다. 수난 주간의 예수 그리스도의 행적을 따라가며 여러 교우들의 성시 낭독으로 이어진 이 예배는 그리스도의 수난과 그것을 따르려는 성도들의 헌신으로 마

겨울수련회_간현

감사절_여신도 특송

치며 대학교회 예배에 새로운 이정표를 세웠다.

3월 26일에 드린 부활절 예배는 리마 예전을 중심으로 예배를 진행하였다. 회중의 참여를 높인 리마 예전은 회중과 사역자의 상호 참여가 많은 예전이었고, 이것은 1980년대 후반 세계기독교 연합운동의 일환으로서 제시되었는데 에큐메니칼 정신을 중추로 하는 연세대학교 대학교회에서는 이러한 세계적인 조류에 맞추어 리마 예전을 도입하여 대학교회에서 적극적으로 실시하였던 것이다.

4월 19일 주보에는 다음 주 본문을 제공하여 성도들이 자택에서 미리 설교 본문을 독서하게 함으로써 설교의 이해를 심화하려는 시도를 하게 되었다. 1989년도의 교회 사경 현황은 담임목사 박정세, 전도사 임광호, 반주 김미지자 선생, 지휘는 이원유 선생이 각각 맡고 있었다. 1989년도 봄 학기 중에는 5월 14일 주일에 의학과 5학년 박진숙 학생이 세례를 받았다.

8월 15일 광복절 기념 예배는 평화 통일 기념 주일로서 성찬예배로 드렸다. 공동기도문을 통해서 민족 분단의 아픔을 다시 되새기고, 세상의 힘을 의지하고 하나님을 의지하지 않았던 그리스도인의 직무와 신앙에 소홀했던 것을 회개하였다. 그리고 '한반도 민족 통일을 위한 세계 기도주일 기도문'을 채택하여 함께 기도드렸다.

10월 29일 종교개혁 기념 주일에는 세례와 입교 예식이 있었다. 입교는 박규태 교우가 세례는 강재훈 외 41명이 세례를 받았다. 대학교회를 통한 선교와 회심의 노력의 결실이 늘어나고 있었고 학원 선교의 거점으로서의 역할에 늘 충실하게 대응하고 있었다.

그리고 이 주간부터 대학교회 운영을 위한 "교회위원회"를 구성하기로 하였다. 위원들은 교역자들과 남신도, 여신도, 청년 대표 각 2명씩 구성하여 교회의 예배와 운영 및 봉사 활동과 같은 제반 활동을 논의하게 하였다. 대학교회로서 당회나 기획위원회와 같은 지역 교회의 운영 기구가 없었던 대학교회로서는 지난 수년간 각 선교회와 구역을 조직한 토대 위에 중앙위원회를 구성하여 조직을 완전하게 갖추게 되었다.

1989년 12월 31일 오후 11시 30분 송구영신 예배를 드렸다. 박정세 목사의 방미 일정으로 임광호 전도사의 진행으로 교우들이 모여 공동기도와 새해를 하나님께 드리는 헌신의 예배로 드려, 새로운 10년을 맞이하는 교회의 비전을 함께 나누었다.

8) 1990년의 대학교회

1990년 1월 7일 대학교회는 신년예배를 통해 세속적인 삶과 더불어 살던 습관에서 벗어나 주님의 합당한 일꾼이 될 것을 다짐하는 기도로 새해를 시작하였다. 다음 주 설교를 성서 일과에 따라 미리 알려주어 설교의 이해를 돕는 것도 계속하였고, 또 1990년부터는 교우들을 소개하는 난을 주보에 새로 만들어 교회의 직분과 직업 및 가족관계와 아끼는 성구를 소개하여 교인들의 친교를 도왔다. 그리고 이원유 성가대 지휘자 선생의 치의학 박사 학위 취득, 박정세 교목의 부교수 승진 등 교회 공동체 일원의 소식을 알려서 공동체의 화합을 도모하였다.

작년에 이어 고난주간을 거룩하게 지키려는 교회의 소망은 한 주간의 성서 묵상 말씀을 수난 주간 주보에 게시하여 교우들이 예수 그리스도의 고난을 기억하게 하였으며, 4월 13일 성금요일 예배는 예수님의 십자가 상에서의 일곱 말씀을 묵상하면서 예배를 진행하였고, 박정세 목사는 아사야 53장 7-12절, 히브리서 10장 4-18절, 마가복음 15장 1-41절을 본문으로 "십자가의 도"라는 제목으로 설교하였다.

부활절 예배에는 조성민 학생이 세례를 받고 거듭났으며 성찬 예식을 통해 부활하신 그리스도와 한 몸을 이루고 하나님 나라를 위해 헌신하는 예배를 드렸다.

1990년 5월 6일자 대학교회 예배를 끝으로 대학교회를 섬겼던 임광호 목사가 사임을 하고, 인천 제삼교회에 시무하게 되었다. 임광호 목사는 누가복음 5장 25절을 가지고 "신앙을 통한 양육"이라는 제목으로 고별 설교를 하였다.

그리고 교회를 섬기기 위해 구성한 교회 위원들이 선출되었다. 재정과 회계는 고지복, 김춘희 성가대는 이원유 지휘, 반주 김미지자, 대학부 지도 위원으로 공인덕 위원, 중고등부 지도위원으로 신동재 위원이 각각 선출되어 교회를 섬기게 되었다. 대학교회는 교역자와 평신도위원회를 공동구성하여 조직을 더 단단하게 정비하였고 교회의 사역과 선교에 더욱 박차를 가하게 되었다.

1990년 5월 7일에는 박정세 목사의 박사학위 취득 축하 소식이 있었다. 박정세 목사는 미국 샌프란시스코 신학대학교에서 "A Model of Cross-Cultural Mission in Korea"라는 제목으로 박사학위 논문이 통과되어 박사학위를 받았다.

겨울수련회_신림

1990년 8월 12일에는 대학교회에서 광복절 기념예배를 남북 평화통일 주일 공동예배로 드렸다. 회중 기도를 통해 민족의 증오와 대립을 회개하는 기도를 드렸고, 공동기도를 통해 분단의 죄, 통일을 위한 노력 때문에 영어의 몸이 된 이들을 위해, 한반도의 군비축소와 평화를 염원하는 기도를 드렸다. 그리고 예배 말미에 1990년도 남북 평화 통일 주일 공동기도문을 함께 낭독하였다. 이 기도문에는 역사의 주관자가 되시는 하나님께서 일제의 압제에서 구하시고, 분단의 아픔으로 신음하는 민족에게 화해와 용서의 길을 열어주시고, 이 땅의 그리스도인들이 이를 위해 헌신할 수 있도록 은혜를 베풀어 주시기를 기도하였다.

1990년 10월 28일부터 임광호 목사의 후임으로 윤병민 전도사가 부임하여 박정세 목사와 함께 사역을 시작하였다.

11월 4일에는 감사절을 맞이하여 세례 예식을 베풀었다. 성인은 장우익 외 2명, 유아는 장민영 외 1명, 학생은 강승현 외 42명이 세례를 받았다. 대학교회의 규모에 비해서 매해 영적 결실은 크게 맺고 있었다. 11월 11일부터는 주보에 주일저녁 가정 예배를 위한 프로그램을 게시하여 가정 교회의 결실을 위한 노력을 시작하였다.

1990년에는 원주캠퍼스를 응시한 학생들을 위한 숙소 제공을 위한 캠페인을 대학교회가 주관하여 실시하였다. 원주지역 교회들과 시민들의 호응을 얻고 있었지만 응시생의 숫자에 비해 공간이 부족한 형편이었다. 대학교회에서는 교우들이 솔선하여 학생들의 숙소 제공에 나서 줄 것을 요청하였다.

12월 24일 성탄 전야 예배를 열었다. 1부는 성탄 기념 예배를 드렸고 2부는 유치부의 율동, 유년부의 연극, 중고등부 연극, 대학생부 연극, 청년부 성탄 축시 낭송, 여신도 연극, 남신도 남성 4중창이 있었다.

9) 1991년의 대학교회

1991년은 한국사회가 1980년대의 격동의 민주화의 시기를 지나고 점차적으로 안정이 시작되고 ,경제 성장도 지속적으로 이루어져 사회의 발전이 본격화된 시기라고 할 수 있다. 대학교회도 안정과 열정 속에 점차 성장하고 있었고, 교회의 집회의 안정이 이루어지고 구체적인 교회의 사명들을 찾기 시작하였다.

대학교회는 1991년 전교우 수련회를 계획하였다. 교회의 조직과 체계를 거의 완비하게 되었고 향후 교회의 헌신과 발전을 위한 공론의 장을 마련하고, 기도하는 시간을 갖기 위한 수련회를 계획하였다. 일시는 1991년 2월 23일과 24일 양일간에 걸쳐 진행하였고 장소는 수안보 온천 상록호텔로 정하였다. 수련회의 주제는 "대학교회의 방향과 사명"으로 정하여 대학의 학원 선교와 지역 선교의 이중적 사명에 대한 이해를 심화하여 대학교회의 실천적 과제를 수행하기 위한 것이었다. 수련회의 주제 발표는 교우들과 교역자가 나누어 하기로 하였다.

교회의 본질과 사명	윤병민 전도사
대학교회와 지역사회	이원유 선생
교회생활의 내실화를 위하여	김춘희 선생
주일학교 교육의 특성과 사명	신성희 선생

사실 대학교회는 대학에 소속이 되었기 때문에 교역자 수급과 장소의 문제 등 여러 면에서 혜택이 있었으나, 그것은 자율적 생존과 독립성의 추구는 기성 교회보다 약할 수도 있었다. 수련회는 이러한 대학교회의 실제적 측면을 고려하여 사명을 완수하기 위한 토론과 기도의 장으로 마련된 것이었다.

수련회의 결과는 고무적이었다. 교우들의 적극적인 참여와 의견 개진으로 대학교회의 지역 사회를 선교하기 위한 방안들이 마련되었다. 남신도회에서는 원주시내의 지역선교를 위한 의료봉사를 할 것을 제안하였다. 여신도회에서는 교회의 선교를 뒷받침하기 위하여 기도회를 활성화하고, 청년 학생 주일학교 각 부서의 활성화를 위해서 여러 방안을 토의하였다. 그리고 원주 시내에 가정선교를 위해서 대학교회를 주축으로 '부부성서연구 모임'을 실시하기로 하고 '부부성서연구 준비위원회'를 구성하였다. 위원으로는 고지복, 이원유, 김춘희, 전정선 교우가 선출되어 원주지역 부부성경공부를 위한 준비 모임에 들어갔다. 대학교회의 조직과 사역이 확장일로에 있었던 만큼 지역사회를 향한 선교의 열정이 뚜렷하게 드러난 수련회였다.

교회는 수련회 후속 조치로 교회 내에 의료선교부를 구성하기로 하였고, 부천의 성 누가병원을 방문하여 지역 의료 선교를 위한 협조를 요청하기로 하였다. 여신도회에서는, 학생들은 외지에서 온 경우가 많고 교우들은 원주 거주가 많아 서로 서먹한 관계가 있으니 친교를 위하여 '공동식사의 날'을 정하여 애찬을 함께 나누기로 결의하였다. 그 첫 번째 시기는 부활절을 기해 공동식사를 실시하기로 하였다. 그리고 교회를 위한 기도 모임은 매월 마지막 주 금요일 저녁을 기도 모임의 날로 정해서 기도에 힘쓰는 한편, 교회 봉사에 적극적으로 나서기로 하였다. 청년부도 교회 봉사를 위한 새로운 각오를 다졌다. 대학생부에서는 학업 중이지만 모임의 활성화를 위해 노력하며 봉사활동의 일환으로 직업재활원 학생들의 개인 학습을 돕는 일을 추진하기로 하였다. 교회위원회를 구성하고 나서 교회의 도약을 위한 중대한 시기가 바로 이 시기였다.

대학교회 박정세 목사는 원주 유선 방송을 통해서 매주 월-금요일간에 걸쳐서 한 시간씩 선교 방송을 실시하고 있었다. 교회의 지역 사회와 연계와 기독교 문화 사역으로서 대중매체를 이용한 간접적 선교를 실시하여 대학교회뿐 아니라 지역 교회 전체를 위한 사역의 의미가 있었다.

1991년 봄 교회학교를 조직하고 난 후 졸업생을 공식적으로 배출하였다. 이 역시 대학교회가 지역 공동체로서의 역할에 충실하기로 한 후 나타난 결실 중에 하나였다. 2월 24일 그날 졸업생 명부는 다음과 같았다.

유치부 김세란, 박혜신, 유은수, 이지영

초등부 박희진, 김문경, 진수민, 김세나

중등부 전소영, 박영미

고등부 이여신

1991년 3월 31일 부활절 예배에는 오연수, 신승혜, 안철희, 전용재 4명의 학생이 세례를 받아 교회에서 영적 결실을 이어나갔다. 그리고 이날 교회에서는 처음 제직을 세우게 되었다. 이미 여러 부서와 조직을 갖추었으나, 이 조직을 이끌어 갈 성서에 근거한 제직을 세움으로서 신도의 성직을 맡게 하여 교회의 영적인 모습을 이룩하려 하였다. 이날 여섯 명의 집사가 세워졌다. 고지복, 이원유, 김미지자, 문세욱, 김춘희, 장우익 등이 이날 대학교회에서 세워진 여섯 명의 일군들이었다. 그리고 다음 주 첫 제직회를 열었고 제직회에서는 교회의 부서를 세우기로 하였다.

부 서	부 장	부 원
예배부	고지복	김미지자, 장우익, 고믹경, 신성희
교육부	이원유	김현만, 이혜옥, 전정선, 최영인
선교부	장우익	이영주, 김준, 오은경, 임성희
봉사부	문세욱	전우경, 김송애, 김은경, 안철희
신도부	김미지자	유재하, 김명수, 반영미, 조성민
재정부	김춘희	박정희, 공인덕, 김미선

제직회가 조직되고 나서 원주지역의 복지단체를 돕기 위한 사역

1991,3,31. 부활절세례_신승혜, 전용재, 오연수, 안철희

이 처음 실시되었다. 그 대상은 원주에 있는 장애인 공동체 '작은 집'
이었다. 작은 집은 당시 6명 정도의 장애인들의 자활 공동체였는
데, 시설 확대를 위한 모금이 진행 중이었고, 대학교회는 이를 위한
특별 헌금을 모아 전달하도록 하여 지역의 사회시설과 연대를 시작
하였다. 성령 강림절을 맞아 특별헌금을 실시한 결과 100 여만 원
의 헌금이 모아졌고, 교회는 특별헌금과 선교비를 모아 200만원을
'작은 집'에 기부하였다. 그 후 11월 2일에는 공사 중에 있는 '작은
집'을 방문하여 공동체의 연대감을 나누고 공사의 무사한 완공을
축복하였다.

　1991년 8월 17일부터 이틀간 교우 수련회가 있었다. 장소는 흥
업 흥대동산이었고 교우들이 참석하여 교회의 비전을 나누고 기도
로 모이는 모임으로 교회의 후반기 사역을 준비하는 영적 각성의

기회를 가졌다.

9월 8일은 교회 창립 6주년을 기념하는 주일이었다. 교회에서는 창립을 함께 기념하기 위해 공동식사의 자리를 마련하였고, 특히 원주 시내의 하숙과 자취를 하는 학생들을 모아 식사에 초청하였다. 교우들은 학생들을 따듯하게 맞아주었고, 여신도회에서 정성스레 마련한 음식을 사랑으로 나누었다.

11월 3일 감사절 예배를 기해 1991년도 가을 세례 예식이 거행되었다. 유아세례는 윤지원 외 1명 대학생 세례자는 곽덕석 외 34명으로 총 37명이 이날 세례를 받았다. 1991년도는 교회에 제직을 세우고 교회가 지역 선교에 적극적으로 나선 전환점을 마련한 해였다.

10) 1992년도의 교회의 사역

1992년도부터는 대학교회에서 해외 단기 의료 선교를 실시하게 된다. 당해인 1월 9일부터 18일까지 약 10일간에 걸쳐 방글라데시로 의료 선교를 떠났다. 이 의료봉사는 원주의과대학의 기독교 의료봉사 정신 구현의 꽃으로서, 학교와 교회가 심혈을 기울여 이 봉사활동에 진력하고 있었다. 1차 해외의료선교단은 박일순 부총장을 단장으로 박정세 교목, 한용표, 유재하, 양우익 교수, 민주숙 간호사 그리고 염창환, 김남식, 김형준, 신승우 학생이 방글라데시 꾸리그람군 쩔마리 지역에서 진료 봉사를 실시하였다. 그 다음해에는 베트남 남하성 부반군 병원에서 진료 활동을 갖게 되지만, 이후부터는 방글라데시로 지역이 고정되어 장기적인 해외진료봉사 활동이 이어지게 된다.

　여기에는 원주기독의사회와 원주의과대학이 공동으로 참여하였다. 교회에서는 박정세 목사, 장우익 집사, 유재하 교우가 참여하여 교회의 의료 선교에 앞장섰다. 아울러 윤병민 전도사는 1월 19일부터 25일까지 갈릴리세계선교회에서 주관하는 태국 의료 선교에 참가하여 봉사하고 있었다. 중진국에서 선진국을 향해 발돋움하던 한국의 교회는 그 경제적 결실을 나누는 방법으로 세계선교에 장단기로 참여하여 앞장서고 있었다. 대학교회에서도 이러한 조류에 발맞추어 해외봉상 활동에 적극 참여하게 된 것이다. 특히 의과대학교회로서 의료 봉사를 통해 복음의 빛을 세계에 전하기 위해 노력하였다.

1차 해외 의료선교_방글라데시, 박정세 목사, 유재하 교우

1992년 2월 22일부터 이틀간 수안보 상록호텔에서 '우리교회의 92년 선교전망과 계획'이라는 주제로 교우수련회를 개최하였다. 그리고 그 다음 주, 전교우 헌신예배로 드리면서 대학교회의 사명을 구체화하고 헌신을 다짐하였다. 그 내용은 다음과 같았다.

1. 원주 소재 대학 및 중고교 등 교육기관과 유관된 분들과, 현재 대학생, 특히 외지에서 유학과 하숙 혹은 자취를 하고 있는 대학생들 그리고 연세의 졸업생들이 함께 하는 예배공동체를 지향하여,

2. 이 예배 공동체는 교회의 역사적 전통을 계승하는 한편, 우리의 민족적 문화유산을 창의적으로 수용할 수 있도록 다방면으로 노력하며,

3. 대외적으로는 국내외 의료 선교, 장학사업 그리고 장애인 복지 활동에 중점을 두기로 한다.

그 구체적 내용으로는 다음과 같은 사항이 결정되었다.

1. 각계 교육공동체 모임의 구성 및 운영

중고교 현직 및 전직교사 / 연세 매지캠퍼스 / 상지캠퍼스 / 원주전문캠퍼스 / 연세동문

2. 국악성가대 구성 (대장 : 고지복, 총무 : 송순봉)

그리고 새로운 제직으로 유재하 집사가 임명되었다. 유재하 집사는 전도부장을 맡아 교회의 새신자 관리와 전도 활동에 책임을 맡았다.

교회에서는 국악찬송가를 배우고 보급하는데 앞장서기로 하여 매주 '주님의 뜻을 이루소서', '우리의 고난을 주께서 아시네', '새로운 만남', '삼천리 강산에' 등 국악 찬송을 함께 익혀나갔다. 그리고 대학교회 성가대를 한국찬송가 성가대로 발전시키기 위해 계획을 수립하였다.

1992년도 부활절 예배는 새벽에 원주지역 교회들이 연합으로 치악체육관에서 연합예배를 드리고, 각 교회에서 부활절 예배를 드리게 되었다. 대학교회도 여기에 동참하였고, 그날의 헌금은 양심수들과 소외된 이웃을 위해 사용하였다. 이날 예배 중에 부활절을 기념하여 김은경 교우가 세례를 받았다.

1992년도 교우가족 여름캠프는 8월 8일부터 이틀간 흥업 홍대

동산에서 개최되었다. 교회의 온 가족들이 함께 참여하여 공동체 의식과 영성 수련을 가졌고, 외부 초청 강사로 김동욱 목사가 '독일의 한인교회'라는 제목으로, 그리고 대학교회에서 사역하다가 미국에 유학 중인 정석환 목사가 '미국의 한인교회'라는 제목으로 특강을 하였다.

9월 6일에는 교회 창립 7주년을 기념하여 창립 기념예배를 드렸다. 김재진 목사를 초청하여 '내가 받은 것을 먼저'라는 제목으로 설교를 들었고, 예배 후에는 온 교우들이 참여하는 애찬을 가졌다. 예배 후에는 교회가 후원하는 '작은집'을 방문하여 건축 상황을 둘러보며 협력 사역을 위한 다짐을 하였다.

10월 5일에는 대학교회가 추진하고 있는 의료 선교 활성화를 위한 선교세미나를 개최하였다. 강사는 연세대학교 의과대학 교수였

겨울수련회_수안보

던 손희영 박사로 그는 미국의 풀러신학교에서 선교학을 공부하고 있었다. 그는 그날 '기독의료인의 선교적 사명'이라는 제목으로 강연을 하였다. 대학교회는 의과대학교회가 가진 선교적 잠재력을 활용하여 시대적 소명과 지역과 세계를 섬기는 복음적 의료 선교를 위한 종합적 역량 강화를 위해 노력하고 있었다.

10월 25일 종교개혁 기념 주일을 맞이하여 대학교회는 개혁적 신앙의 의미를 되새기는 한편 새신자를 위한 세례식을 거행하였다. 이번 세례식에서는 입교 정일화, 일반인 전우경 외 3인, 학생세례자 김정은 외 36명이 세례를 받았다.

교회에서는 월례기도회를 시행하였다. 기도 생활의 깊이를 원하는 신자와 교회에서 깊은 헌신을 원하는 신자들이 모여 매월 마지막 금요일 저녁에 기도회를 갖기로 하였다. 이 기도회에서 함께 기도를 나누기를 원하는 이들은 자유롭게 연보함에 기도 제목을 넣게 하였고 이것을 모아 월례기도회에서 함께 중보와 공동의 기도로 영성 공동체를 이루는 사역을 수행하였다.

11) 1993년도의 대학교회

창립 8주년이 되는 1993년의 대학교회는 신년 주보에 대학교회의 정체성을 알리고 교회의 예전의 성격을 알리는 글을 게재하였다. 주일예배는 오전 11시 원주기독병원 후문 우측 2층 예배실에서 드린다고 공고하고, 예배는 성서일과에 따라 3년을 주기로 성서를 일독하는 방식에 따라 예배의 본문을 정하고 있어 종교개혁의 성서 중심의 전통을 고수하고 있음을 표방하였다. 저녁예배는 따로 드리지 않고, 주보에 제공된 양식에 따라 각 가정에서 예배를 드리게 하였다.

대학교회의 예배는 기독교의 정통적 전통을 따르며 한국 문화의 진수를 창의적으로 수용하여 드리는 예배 공동체로 학교, 직장, 그리고 지역사회 등 우리 교우들이 존재하는 곳에서 소금과 빛의 역할에 충실하도록 요청하였다. 대학교회는 원칙적으로 교회 예산의 50%를 대외 선교와 사회 봉사활동을 위해 사용하도록 정하였다.

1993년 2월부터는 주일아침 성경공부 모임을 시작하였다. 수년 전부터 진행해 오던 아침기도회를 발전시켜 예배 준비를 위한 기도회에 성경공부를 넣어 영적 성장과 더불어 주일 예배 준비를 심화하도록 하였던 것이다. 담당은 윤병민 전도사가 하였고 두란노에서 출간한 『주제별 성경연구』를 교재로 사용하였다. 당시 두란노는 한국 복음주의 운동의 선도적 역할을 담당하고 있었고 대학교회는 정통적 예배 전통, 한국문화의 토착적 창의적 수용, 시대적 사안에 대한 예언자적 통찰과 더불어 복음적 신앙을 조화시킨 균형 잡힌 신학을 추구하였다. 특히 1993년부터는 대학교회에서 새롭게 성서공회에서 출간한 〈표준 새번역 성서〉를 예배를 위한 성서로 사용하기로 하였다. 한국교회는 오랜 동안 〈개역성서〉와 〈개역개정성서〉를 사용하였으나, 현대인의 요구에 맞추어 새로 번역된 성서를 사용하여 가독성을 높이고 성서와 더욱 친근한 생활을 하게 하였다.

1993.5.9. 주일예배 장소를 의대강당으로 옮김

2월 27부터 이틀간 교우수련회가 치악산 구룡사 입구 초운민박에서 있었다. 이번 수련회는 교회의 성가대가 주관하는 수련회로 예배를 깊이 있게 드리고, 영적 교제를 충만하게 하기 위한 동기를 갖고 진행되었다.

1993년 5월부터는 대학교회의 예배 장소가 변경되었다. 기존의 후문 근처 2층 예배실에서 새로 건축된 강당으로 예배 장소를 이전하게 된 것이었다. 원래 5월초에 예배 장소가 이전될 예정이었으나, 공사 진행관계로 예배 장소 이전은 5월 19일에 의과대학 종합관 대강당으로 이전하여 예배를 드리게 되었다.

교회위원회에서는 다가오는 교회 창립 8주년을 기해, 교회의 예배 및 주보와 내용을 새롭게 개정하기로 결정하였다. 그래서 5월부터 예배 및 교회 운영 등 여러 부분에 대한 교우들이 의견을 모으기로 하였다.

7월 4일에는 의과대학을 졸업하고 산부인과 전문의가 된 1988년도 졸업생 이명순 선생이 그해 7월 10일자로 몽골에 의료 선교사로 파견되어, 그를 축복하고 그의 사역에 동참하기로 하는 뜻 깊은 순서가 있었다. 원주의과대학 졸업생 중에 의료 선교사를 배출하게 된 것은 연세대학교를 설립한 언더우드와 알렌 그리고 세브란스의 개척자 에비슨의 선교정신을 잇는 소중한 결실이었다. 대학교회는 이명순 선생의 의료 선교사 파송에 동참하기 위해 교회의 선교 기금을 모아 전달하였고 이후에도 기도와 관심으로 후원할 것을 다짐하였다.

10월 31일 종교개혁 기념주일 예배가 성대하게 드려졌다. 이날 예배 순서에는 세례식이 거행되었다. 유아세례 윤지수, 일반인 윤진현, 학생세례 강두경 외 32명이 세례를 받았다. 특히 이날의 세례자들에게는 교우 중에 한분이 무기명으로 기증한 〈표준새번역성서〉 한권씩이 증정되었다.

11월 10일에는 그간 대학교회 전도사로 사역하던 윤병민 전도사가 강원노회 39회 노회에서 준목 인허와 목사 안수를 받았다. 교우들은 윤병민 목사의 목사 안수와 그의 사역의 풍성해짐을 위해 축하의 마음을 전달하였다.

3. 연세대학교 원주의과대학 대학교회의 시련기

1) 박정세 · 윤병민 목사의 이임과 김영호 · 김승환 목사의 부임

대학교회의 강점은 곧바로 대학교회의 약점이 될 수도 있었다. 우선 대학교회의 교역자들은 교회가 담임 목회자로 청빙하여 사역하는 것이 아니라는 점이다. 대학교회는 교단에서 독립된 교회로서 교역자를 대학교의 교목실에서 사역하는 교목을 목회자로 동역하게 된다는 것이다. 대학의 교목은 최고의 신학 훈련을 받은 교수진이고, 대학교회에서 사례를 부담하지 않아도 되는 점이 있는가 하면 학교의 인사 체계에 의해 발령을 받으면 대학교회의 목회와 사역에서 교역자의 목회적 연속성이 끊어지기 쉽다는 것이다. 부교역자의 경우는 더 말할 나위가 없다. 교단 소속 교회가 아닌 대학교회의 입장에서는 부교역자를 청빙하는 데에도 어려움을 겪게 마련이다. 이러한 어려운 과제가 1994년부터 나타나게 되었다.

1990년대는 한국사회가 경제적 도약에 성공하고 1980년대의 민주화의 성과가 어느 정도 드러나 사회적 발전이 가장 가시화된 시기였다. 그러나 한국교회는 그간의 양적 급성장과 일부 무분별한 교단들의 난립과 영성 개발의 한계로 인해 서서히 교회 성장의 답보 상태가 도래하게 된다. 양적 성장과 더불어 질적 성장을 도모하는데 실패하였고, 그것은 한국사회의 정신적 풍토의 빈곤을 어느 정도 예측하게 할 수 있는 척도이기도 하였다. 대략 1994년경부터 한국개신교회의 성장은 주춤하기 시작하였다. 그 원인은 세속화에 기초한 한국교회의 성장과 성서 해석, 그리고 교회 간의 과잉 경쟁 및 교회 제도의 미비 등이었다.

대학교회에서는 1994년 1월 28일부터 2월 6일까지 원주의과대학에서 방글라데시 쩔마리에서 의료봉사활동을 하였다. 대학교회는 이 봉사활동에 깊은 관심을 갖고 홍보와 기도 그리고 후원에 만전을 기하였다.

대학교회를 맡아 사역하던 윤병민 목사가 1994년 2월 20일 원주의과대학을 떠나 충청남도 예산의 예동교회 담임자로 부임하게 되었다. 그리고 후임에는 김승환 준목이 부임하였다. 김승환 목사는 서울대 국사학을 전공하고 한신대학교 신학대학원을 졸업하고 대학교회에 부임하였다.

그리고 대학교회 설립 초기부터 담임 교역자로 섬기던 박정세 목사도 새로운 임지를 받아 대학교회를 이임하게 되었다. 대학교회에는 김승환 목사와 함께 김영호 목사도 부임하여 보조를 맞추게 되었다. 김승환 목사는 사회의식이 강하고 한국의 민주화 과정에 관심이 많은 목회자였다. 그러나 김승환 목사는 연세대학교의 교목이 아닌 대학교회 목회자로 발령을 받았기 때문에 학교에 부속된 대학교회에서 사역하는데 있어 신분의 불안정이 있었다. 교단이 아닌 대학에 소속된 교회로서 일반 교회와 자립 구조가 달랐기 때문에, 김승환 목사와 같은 경우는 생활의 불안정이 나타나게 되었다.

김영호 목사는 감리교단의 목사로서 깊은 영성을 추구하는 이였다. 어려운 이웃을 돕는 사회적 사역에 깊은 관심을 보였고, 대학교회의 봉사활동을 확장하는데 노력하였다. 원래 매지 캠퍼스 교목이었고, 대학교회로 파송되어 대학교회를 섬기게 되었다. 두 목회자는 1992년 3월 6일에 부임하였고 김영호 목사는 첫 설교에서 '작은 천국 이야기'라는 설교로 교회가 이 땅에서 이루어야 할 하나님의 나라를 강조하는 설교를 하였다.

이 시기는 지난 교회가 기초를 놓던 시기와 달리 그 역동성이 약화된 인상을 지우기 어려웠다. 지난 8년간은 교회가 조직화, 제직의 확립 사역의 확대 등 다방면으로 성장과 변화를 추구하였다. 그러나 이 시기부터 교회는 지난 8년 간 나타났던 역동성과는 달리 현황의 유지와 성장기에 도출된 과제들을 재검토하는 시기처럼 보

박정세 목사 송별예배

였다.

　사회 문제에 대해서도 그간 대학교회가 해 왔던 평화와 통일에 대한 계몽과 실천에서, 국가와 사회의 불안정을 해소하기 위한 기도로 전환되었다. 1994년 6월 19일에는 대학교회 주보에 '곧 전쟁이 터질 것처럼 나라가 어수선 합니다. 깨어서 기도하되, 임마누엘 신앙으로 불안을 물리칩시다'라는 광고가 게재되었다. 당시 북한의 북한이 영변에 설치한 핵 시설에 대해 미국이 북한의 핵 시설을 공격이 있을지 모른다는 뉴스가 보도되었다. 북한 핵 시설에 대한 미국의 군사적 공격은 한반도에서 전쟁이 일어날지 모른다는 불안을 증폭시키기도 하였다. 그러나 미국의 공격은 실지적 수준에서 검토된 것이 아니라는 것이 보도되었고, 여론은 수그러들었다. 이 무렵 교회의 광고도 '전쟁의 먹구름이 물러가고, 평화의 기운이 감돌고

고 김영호 목사 추수감사예배 성찬식

있습니다'라고 당시 상황을 보고하고 있다.

8월 14일 광복절 기념예배는 '94남북평화통일 공동기도주일'로 지켰다. 이날 김승환 목사는 구약성서 미가 4장 3-4절, 신약성서 누가복음 4장 16-21절을 본문으로 '희년을 향한 행진'이라는 제목으로 설교하였다. 그리고 공동기도문을 채택하였고 교우들의 기도 제목으로 분단의 죄책을 고백하고, 분단으로 고통 받는 이들을 위해 그리고 1995년 평화통일을 소망하는 기도를 드렸다. 주일예배가 끝난 후에는 칠봉 소군산 수양관에서 교우 16명이 참가하는 수련회를 가졌다.

9월 11일 부터는 예배 중에 어린이 설교를 도입하여 어린이들을 위한 교회의 신앙적 배려와 교육 환경 개선을 위해 노력하였다. 어린이들을 교회의 일원이며 함께 예배를 드리는 공동 주체로 수용한 것이었다.

1994년 12월부터는 대학교회가 기존에 후원하던 '작은집'에 '해뜨는집', '태백 사랑의집'을 더불어 후원하게 되었다. 교회의 원주지역 사회복지에 대한 관심이 확대되고 있었다.

2) 1995-1996년도의 대학교회 현황

1995년도의 대학교회의 신년예배는 1월 1일 열렸다. 김승환 목사는 창세기 28장 10-22절 요한계시록 21장 1-8절을 본문으로 '꿈꾸는 신앙'이라는 제목으로 설교하였다. 체제는 담임목사 김영호, 부목사 김승환 목사였다. 주일 예배 참석은 80명으로 늘어 있었고, 주일학교 학생은 7명 수요기도회 참석은 4명이었다. 그러나 대학교회의 특성 상 예배 참석 인원은 최고 80명에서 최저 30명까지 큰 변동을 보였다.

1995년 4월 16일 부활절을 맞이하여 기념예배를 드렸다. 김영호 목사는 고린도전서 15장 3-8절을 본문으로 '아직도 살아계신 예수'라는 제목으로 설교하였다. 예배 중에 세례 예식이 진행되었는데, 유아세례 김기범, 학생세례 이상신이 세례를 받았다.

6월 첫째 주부터는 예배 후 차 나눔 시간이 폐지되었다. 일회용 컵 사용을 줄여 환경을 보호하고 기관 별 친교를 강화하기 위한 교회의 방침에 따른 결과였다.

대학교회는 8월 13일 희년주일을 광복절 기념 주일로 지켰다.

설교는 외부 초청으로 노기원 목사가 설교하였고 특별 찬송으로 '희년을 향한 우리의 행진'이라는 노래를 함께 불렀다.

1995년 10월부터 노정현 전도사가 새로 부임하여, 대학교회 사역에 동참하게 되었다. 1995년도 2학기의 대학교회 현황은 자세히 알려지지 않았다. 대학교회의 운영에 어려움이 있었고, 주보에도 교회의 현황이 전혀 보고되지 않았다. 그 만큼 1995년의 대학교회의 운영이 지난하였다는 것이 주보를 통해 그대로 보이고 있다. 노정현 전도사는 1996년 3월 17일까지 사역을 하고 이임하였다. 그 후 대학교회 주보는 대학교회 사역자가 담임목사 김영호만 기재하여, 김영호 목사가 홀로 대학교회를 목회하고 있었던 것을 보여준다.

3) 1997년도 대학교회의 현황

1997년 2월 23일자로 그간 대학교회를 맡아 사역하던 김영호 목사가 퇴직하였다. 그래서 김승환 목사가 대학교회를 맡아 사역을 재개하였다. 김승환 목사는 지난 2년 가까이 대학교회 사역에서 물러나 있었다가 1997년 3월 9일부터 대학교회에서 사역을 재개하였다.

김승환 목사가 단독으로 대학교회에서 사역하던 1997년 3월 이후 대학교회의 주보에 따르면 교회의 소식이나 동정이 보고되지 않고 있다. 그 이유를 추측해 보면 대학교회는 기구적으로 대학에 소속이 되어 있었고, 교역자는 연세대학교 교목실에서 파송하는 것이

원칙이었다. 그러나 전임 김영호 목사의 사임 후 교회를 목회한 김승환 목사는 교목 신분이 아닌 대학교회 부목사 신분으로서 대학교회에 부임하였고, 또 대학교회 목회를 교목 신분이 아닌 상태에서 하고 있었기 때문에 어려움이 많았을 것으로 추측이 된다. 당시 학교에서는 어떤 사정으로 교역자를 파송하지 못하였고 그 결과 교회는 어려움 기간을 보내야 했다.

방학과 학기 중에 출석이 불가능한 다수의 학생으로 구성된 교회이기 때문에 생겨난 재정 자립의 미비 등이 당시 대학교회의 운영을 어렵게 하였을 것으로 보인다. 그리고 대학교회의 특성상 교회의 양적 성장을 추구하지도 않았고, 대외 봉사에 치중하면서 오히려 교회의 내적 결속과 생존 능력이 지역 교회에 비해 상대적으로 약할 수밖에 없었던 상황을 추측할 수 있다. 김승환 목사는 교회의 예배를 지켜가고, 또 매주 주보에 설교 요약 내용을 올려서 교우들이 설교의 내용을 쉽게 이해하도록 도와가며 사역을 유지하였다.

교회 소식이 주보에 다시 보고되기 시작한 것은 1997년 6월 8일부터였다. 그날 예배 참석은 18명이었고 헌금은 251,000원이었다고 보고되었다. 6월 22일 42명, 6월 29일 20명 등으로 보고되고 있다.

11월 16일 추수감사절 예배를 통해 세례예식을 시행하였다. 이날 세례를 받은 사람은 구정회를 비롯하여 37명이 세례를 받았다. 세례 예식 후에는 온 회중이 그리스도와 영적 연합을 구하는 성찬을 진행하였다.

4) 대학교회의 1998년도 목회

1998년도는 한국이 금융위기를 겪으면서 국가부도를 경험하였고, 국제통화기금으로부터 구제금융을 받음으로 인해 수년간의 경제위기를 겪기 시작한 해이다. 대학교회는 신년예배를 드리고 주보를 통해 부산대학교 국어과 양왕용 시인의 '버리기'라는 시를 소개하였다. 양왕용 시인은 '넓은 문 버리고 좁은 문 찾기'라는 시구를 통해서 '우리가 좁은 문이 필요한 시대이다. 국제통화기금으로부터 빨리 벗어나기 위해서도 욕망대로 살기보다 욕망을 버려야 하지 않겠는가?'라는 시대적 제안을 하였다.

어려운 시기였지만 교회는 전도의 열정을 포기하지 않았다. 3월 첫째 주 예배를 드리고 교우들은 가까운 이웃을 전도하기 위하여 이슬비 전도엽서를 작성하여 전도 대상자들에게 발송하였다. 대학교회의 지역 사회를 향한 복음과 선교의 열정은 어려움 가운데서도 식지 않고 그 힘을 발하고 있었다. 교회는 1998년도 전반부 역점 사역으로 이슬비 전도를 시행하였다. 3월 평균 예배 출석은 30여 명 내외를 유지하고 있었다.

1998년도 고난주간에 교회는 주간 성경 읽기를 실시하였다. 월요일부터 금요일까지 예수님의 행적을 기억하는 성구를 읽고, 성금요일에 고난주간 예배를 드리고 부활절을 맞이하기 위한 영적 준비를 하였다. 부활절에는 김승환 목사가 고린도전서 15장 1-11절을 본문으로 '부활의 증인'이라는 설교를 하였다. 그리고 성찬 예식을 통해 부활하신 그리스도와 영적으로 연합하는 헌신과 교제를 다짐하였다.

대학교회는 4월 고난주간과 부활절을 통해, 교우들이 헌금한 예물 중에서 일부를 '해 뜨는집', '작은집', '작은 예수공동체'에 기부하였다. 구제 금융 여파로 사회가 어려웠지만 대학교회는 그 속에서도 사회봉사의 손길을 놓지 않고 있었다.

8월 16일 광복절 기념 주일에는 김승환 목사가 요나서 1장 1-16절을 본문으로 '나를 바다에 던지라'라는 제목으로 설교하였다. 예배 중에 민족의 통일을 염원하는 1998년도 민족의 평화와 통일을 위한 남북 공동기도문을 함께 드렸다.

11월 15일, 추수감사절을 맞아하여 교회에서는 성찬예배와 더불어 세례식을 진행하였다. 이번 1998년도 가을 추수감사절 세례식에서는 김규홍 외 36명이 새로 세례를 받고 거듭난 그리스도인으로 세워졌다.

12월 25일 성탄절을 맞이하여 교회는 성탄 축하예배를 드렸다. 이 예배에서 김승환 목사는 '말 구유 위에 계신 예수'라는 제목으로 설교를 하고, 온 교우들이 함께 하는 성찬식을 진행하였다.

5) 1999년의 대학교회

1999년은 20세기의 끝이라는 인식과 새 천년이 시작된다는 마음이 겹친 시기였다. 당시 세계에서는 컴퓨터의 날짜 인식 오류가 발생할지 모른다는 작은 소동도 있었으나, 한국은 국민들의 금모으기와 같은 경제위기 돌파 노력으로 사회가 점차 안정을 되찾아 가고 있었다.

대학교회는 신년 주일 예배를 1999년 1월 3일에 종합관 강당에서 드렸다. 김승환 목사는 '온 세상의 빛이신 예수'라는 제목으로 설교하였다. 20세기를 보내고, 21세기를 맞이하는 새로운 각오로 깊은 한 해가 될 것을 온 교우가 함께 다짐하였다.

새로운 해를 시작한 대학교회는 1월 17일부터 전교 가정을 심방하기로 하였다. 지역 교회에서는 4월과 10월경에 가정 심방을 하는 것이 일반적이지만, 대학교회는 그 기간이 되면 개강으로 업무가 많아져 방학 중인 1월에 심방을 결정하였던 것이다. 가정 심방을 통해서 교회와 가정의 영적 연합을 강화하고, 가정을 영적으로 세우는데 주력하기로 하였던 것이다.

새 봄이 되면서 출석인원도 45명을 넘어서고 교회는 활기를 띠게 되었다. 교회는 새로운 도약을 위해서 사역 목표를 수립하고 기도하기로 하였다. 우선 기존에 동역하던 '작은집', '해 뜨는집'을 위한 사역을 계속하는 한 편, 세브란스 병원 내의 환자들과 의료진을 위한 기도를 펼치기로 하였다. 그리고 그간 위축되었던 구역을 활성화하기 위해 함께 기도하기로 하였다. 구역 활성화 계획이 3월 중순에 시작되었고, 4월부터는 본격적으로 교회 조직의 활성화를 위한 노력이 시작되었다. 그래서 예배 후에 여신도회, 남신도회, 대학부, 교회학교 별로 모임을 갖고 모임을 구성할 방법과 횟수 그리고 부서별 사역을 재검토하여 부서 부흥을 위해 노력하기로 하였다. 우선 4월 25일 여신도회 주관으로 헌신 예배를 드리고 교회학교 교사와 성가대원을 충원하여, 부서 활성화를 위한 실천에 돌입하였다. 5월에는 공동의회를 개최하여 교우들의 교회 운영에 대한 관심을 높이게 하였고, 5월 마지막 주일에는 성가대 헌신 예배를 드려서 교회의 부흥과 헌신의 의지를 다졌다.

대학교회는 기존의 사회복지 단체인 '작은집' '해뜨는집'에 이어 새로운 동역 단체를 선발하여 돕기로 하였다. '남북 나눔 운동 본부', '가마골 선교회', '원주밥상 공동체'를 추가로 선발하여 교회가 돕기로 하였다.

1999년 8월 7-8일 양일간 대학교회에서는 성우 리조트에서 전교우 여름 수련회를 진행하기로 하였다. 주제는 '하나님께 가까이'였고, 자연을 벗 삼아 휴식을 취하고 전교우가 참여하는 '대학교회 이러면 좋겠다'라는 제목으로 토론회를 가진 후, 다음 날 주일예배를 드리고 귀가하였다. 참석 인원은 34명이었고, 영적 휴식과 교회 발전을 위한 방안들이 나와서 이를 교회 운영에 반영하기로 하였다.

가을이 되면서 교회는 새로운 직분자를 세웠다. 선교부에 김형중, 친교부에 용석중, 성가대장 신형진, 대학부장 최훈, 장년부 김용애, 교회학교 정순희, 재정을 김춘희 교우가 맡아 각 부서를 운영하기로 하였다. 그리고 교회가 후원하는 사회복지단체의 후원금을 실태 조사를 한 후 증액하기로 하였고, 장학금은 교회에서 별도의 계정으로 따로 운영하며 그 외의 수입은 예비비로 책정하여 긴급 상황에 사용하도록 하였다. 그리고 교회의 조직의 토대를 위해서 교우 명부를 작성하여 보관하기로 하였다. 교회는 사회복지단체의 현황을 파악한 후에 후원금을 증액하기로 하였다. 그리고 유진 벨 재단, 시민운동단체 1곳과 보람교회를 추가로 후원하기로 하였다.

작은 집	5 - 10만원
해 뜨는 집	5 - 10만원
가마골 선교회	5 - 10만원
남북나눔공동체	10 - 20만원
유진 벨	10만원
원주시 환경운동연합	10만원
보람교회	20만원

1월 21일, 추수감사절 예배를 기쁘게 드리고 그날 세례예식이 있었다. 그날 세례는 김진희 외 3명이 세례를 받았다. 교우들은 감사의 기쁨과 새로 신앙생활을 시작한 이들에게 축하의 마음을 나누었다.

1999년도 성탄 예배는 찬양제와 애찬의 시간을 가져 주님의 나심을 온 교우가 함께 축하였고, 이진욱 교우가 세례를 받아 교우들의 기쁨을 더했다. 그리고 교회에서는 병원과 지역 선교를 위해 대학교회 달력을 제작하여 성탄절에 교우들에게 배포하여 선교 활동에 사용하게 하였다.

Ⅱ. 연세대학교 원주의과대학교회의 재도약-2000년대

1. 박정진 목사의 부임과 대학교회의 재정비

1) 2000년도 김승환 목사의 이임과 박정진 목사의 부임

2000년이 되면서 교회의 조직의 재정비 및 활성화 노력의 결과로 교회는 활기차게 새해를 맞이하였다. 예배 때에는 가족 찬양을 통해 예배의 따뜻함을 불어 넣었고, 친교부의 활동을 강화하여 교우들 간의 사귐과 친목을 도모하였다. 그리고 교회가 중점 사업으로 추진하는 방글라데시 의료 선교에도 교우들의 적극적인 참여가 있었다. 대학교회에서는 용석중, 김윤권, 송태진, 심경진 교우가 참여하고 있었다. 1월 30일에는 미국 유타에서 온 제프 개리슨 목사가 대학교회에서 설교하는 등 국제적 교류도 활발하게 이루어졌다.

2000년 3월 12일자로 대학교회를 섬기던 김승환 목사가 이임하고, 박정진 교목이 대학교회 담임 목사로 부임하였다. 김승환 목사는 '네 아들 이삭을 내게 바쳐라'라는 제목의 고별 설교를 하고 대학교회를 이임하여 새로운 임지로 떠났다.

새로 부임한 박정진 목사는 3월 17일, 신명기 26장 5-9절, 고린도전서 1장 26절에서 29절을 본문으로 '신앙의 처음자리'라는 제목으로 설교하였다. 박정진 목사는 부임과 함께 성경 공부 활성화를 시도하였다. 예배 전 10시부터 40분간 성경공부를 실시하여 대학교회 초창기 예배를 위한 경건 모임을 강화하여 영적 성장을 시도하였던 것이 다시 새롭게 시도된 것이었다. 박정진 목사가 부임하여 심혈을 기울인 것 중에는 예배의 갱신이 가장 먼저 이루어졌다. 주보에 예배의 순서를 전통적 예배 용어에서 영성적 용어로 대체하였던 것이다. 2000년 부활절 예배 순서를 보면 다음과 같다.

찬양으로 마음열기

예배를 여는 찬송

죄의 고백

용서의 선언

찬송으로 하나님께 영광을

하늘을 향한 기도

하늘을 향한 찬송

하늘말씀 듣기

성가대 찬양

하늘말씀 증언

말씀에 응답하는 찬송

성만찬 예식

봉헌 및 찬송

평화의 인사 및 알리는 말씀

파송의 말씀

결단 기도

축복 기도

예배에 영적 역동성을 불어 넣고 현존하시는 하나님께 응답하기 위한 예배 설계로 섬세하게 구성하고 있음을 알 수 있다.

또 교역자와 교우들과 사귐 및 교회 운영을 위해서 제직회를 가동하기 시작하였다. 대학교회는 제직회를 통해 2000년도 예산을 수립하였다. 예산을 구체적으로 수립하여 교우들이 교회 살림에 관심을 갖게 하고 참여하게 하는 효과를 가져왔다. 그리고 담임목사의 이메일을 공개하여 교우들이 교회에 대한 건의 사항을 목회자에게 보내게 하고, 그 의견을 모아 교회 운영과 목회에 적용하게 하였던 것이다. 교회는 온라인 시대를 맞이하여 교회의 온라인 카페를 개설하여 교우들이 인터넷 상에서 대화하고 소통할 수 있는 장을 만들었다. 카페 이름은 에벤에셀로 정하여 다음 커뮤니티에 개설하였다. cafe.daum.net/evenezel이 교회의 온라인 카페 주소였다.

6월 4일 학기를 마감하는 전교우 야외 예배가 매산 관광농원에서 있었다. 어른 57명, 주일학교 4명이 참석하였고, 교우들의 정성과 노력으로 친교와 화합의 야외예배를 드렸다.

전반기를 끝내고 후반기에 들어선 대학교회는 정기 운영위원회를 활성화시키기로 하였다. 그리고 운영위원회는 교회의 제반 업무를 처리하기 위해서 각 부서장, 제직들로 구성하였다. 교회를 섬기는 집사 업무는 김춘희 집사와 박경순 집사가 담당하기로 하였다. 또한 주일 예배를 활성화하기 위해서 매주 목요일 예배위원회를 구성하였고, 예배위원으로 담임목사, 예배부장, 교육부장이 선임되었다. 특히 2000년부터 운영위원회 회의록을 작성하여 교회의 사역에 대한 꼼꼼한 일지를 기록하여 교회의 발전을 문서로 남기게 되었다.

8월 19일과 20일 양일간에 걸쳐 대학교회 여름수련회가 있었다. 장소는 주문진 남애리 해수욕장이었고 전체 기획은 김형중 교우, 진행과 의료 담당은 용석중 교우, 회계 박경순 집사, 안내 박광화 교수, 숙박 전우경 교우, 식사 이인규 집사, 오락 김지영 교우, 사진 담당 류용석 교우가 맡아 진행하였다. 이번 수련회는 교회의 영적 분위기를 갱신하고 활력을 불어넣기 위해 노력하는 수련회였다. 토요일과 주일에 걸쳐 교회의 발전 방향에 관한 토론이 진행되었고 많은 교우들이 의견을 개진하여 긍정적이고 건설적인 교회 활성화 방안들이 모아졌다.

1. 수요기도 모임에 대하여는 일단 학내에 구성원들이 수요 모임이 존재한다는 사실도 모르는 경우가 많으므로 홍보를 통해 수요 모임을 알리고, 특히 의과대학생들 동기간에 연락망을 구축하여 성경공부 활성화를 유도할 필요가 있다는 공감대가 형성되었다.

2. 대학교회 홍보에 대해서도 저학년들은 대학교회의 존재를 잘 모르기 때문에 채플 시간이나 기독교 동아리를 통해 대학교회의 실체를 알리고, 동아리를 초청하여 예배 찬양을 함께하여 교회와 동행하는 신앙생활을 하도록 하자는 의견이 모아졌다.

3. 주일학교와 성가대는 담당자가 부재하여 당황스런 경우가 있으니 책임감을 높여서 활성화를 모색할 필요가 있다는 의견이 나왔다.

4. 전도와 친교는 비신자 중심 전도활동을 하자는 의견, 처음 온 신자를 사후 관리 체계를 만들자는 의견, 또는 등록 신자 외에도 방문 신자를 위한 서비스를 마련하는 것도 좋겠다는 의견, 온라인을 활용하는 교회의 사귐의 확대와 목회자와의 사귐의 시간이 더욱 필요하다는 의견이 대두되었다.

5. 새 신자 양육에 대해서는 일대일 성경 공부를 도입하여 기존 신자들이 새 신자를 양육하는 시스템을 구축하자는 발전 방안들이 다수 개진되었다.

정기 운영위원회가 규칙적으로 열림에 따라 교회의 회무 보고, 재정 보고 등이 자세하게 파악됨으로써 대학교회의 운영은 훨씬 짜임새 있게 조직을 갖추기 시작하였다. 2000년도 교회 재정의 경우에는 예산이 44,898,094원으로 연간 지출은 35,667,790원이었다. 예배출석 통계도 작성되어 보고되기 시작하였다. 학기 개강과 시험 방학 등 인원 변동이 심한 대학교회였기 때문에 출석률은 일반 지역 교회와 같은 큰 의미는 없었으나, 학기말에는 최저 24명에서 부활절에는 90명에 이르는 예배 출석을 보여주고 있었다.

2000년도 대학교회의 사회봉사 후원은 그 전에 비해 2개 곳이 늘어난 9개 단체를 후원하고 있었다.

작은 집	10만원
해 뜨는 집	10만원
가마골 선교회	10만원
남북나눔운동본부	20만원
원주밥상공동체	10만원
보람교회	10만원
원주환경운동연합	10만원
유진벨(기독재활원)	10만원
겨자씨 선교회	10만원

그 외에도 개인후원으로는 현병렬 할아버지 월 5만원, 장애인하

계수련회 연2회 2만 5천원, 바울회 선교비를 부정기적으로 후원하고 있었다.

2000년 여름 수련회를 기점으로 교회의 제직과 운영 및 소통 체계가 정비됨으로써 교회는 새로운 도약을 향한 만반의 준비를 갖추게 된다. 성가대도 새로 조직하여 찬양으로 영광을 돌리게 되었다. 교회학교도 다시 체계를 잡아 활동을 하게 되었다.

성가대장	용석중 교우
지　휘	박형주 교우
주일학교 교장	박광화 교우
교　사	박경순, 정우선, 김윤권, 김광민, 이강산 교우

대학교회에서는 의과대학 학생들 중에 학업에 곤란을 겪는 학생들에게 장학금을 지급하여 기독의료인 양성의 책임을 감당하고 있었다. 2000년의 경우에는 교회에서 매 학기 200만원을 책정하여 장학금을 지급하고 있었다. 그런데 2000년도 봄 학기에 교회 장학금 공고가 학생들에게 일찍 전달되지 못해 2 학기에 추가로 50만원을 더해 450만원을 집행하기로 하였다.

장학금 시혜자는 연세대학교 원주의과대학 재학생으로 하고, 우선 교회에 출석하는 학생들 중에서 가정 형편이 어려운 학생들을 우선 배정하기로 하였다. 그리고 의학과와 간호학과 학생의 경우는 의학과 학생들의 학비 부담을 고려하여 지급액을 추가하기로 하였다. 교회는 가을에 4명의 학생을 선발하여 모두 450만원의 장학금을 지급하였다. 교회는 학교 홍보를 위해서 대학신문에 선교활동을 알려 교회를 알리고 교회의 강사로 부총장, 의대학장, 병원장을 초청하여 강연을 가짐으로 교회의 활동을 인식시킬 필요가 있다고 보았다.

가을 학기 초에는 대강당 입구의 작은 방을 교회 사무실로 사용하도록 학교에서 허락을 받아 수요 모임이나 주일학교 등 소규모 집회를 할 수 있는 여력을 확보하게 되었다. 주일학교에서는 활성화의 일환으로 10월 14일 매지리 캠퍼스에서 가을운동회를 열었다. 학생과 교사 그리고 교우들이 참석하여 어린이들과 함께하며 격려하는 시간을 가졌다. 그리고 11월 11일부터 이틀간에는 주천강 자연휴양림에서 주일학교 가을캠프를 개최하였다.

11월 5일에는 청년부가 조직되어 교회의 허리 세대를 보강하게 되었다. 회장에는 지성원 총무에 김광민 회계에 유하연이 선출되어 청년부를 섬기게 되었다.

추수감사절 예배를 드린 11월 19일에는 공동식사와 세례예식이 진행되어 교회의 공동체성을 함께 나누는 시간을 강화하였다. 그리고 지난 가을부터 시작한 교회홈페이지 만들기가 완성되어 교회는 다음 카페보다 더 개성적인 독자적 홈페이지를 운영하게 되었고 온라인 선교를 강화할 수 있게 되었다. 개설된 교회의 홈페이지 주소는 unichurchi.yonsei.ac.kr이었다. 연세대학교 서버를 할당받아 운영하였고, 교우들은 교회의 온라인 활동을 강화하게 되었다. 교회 홈페이지를 통해 목회자의 설교를 온라인으로 보내고 다음 카페 외에 독자적 홈페이지로 교우들의 온라인 소통의 필요성을 채울 수 있었다.

2000년도 성탄 예배를 어린이 주일학교와 가정 찬양 중심으로 드렸고, 송구영신 예배로 한해를 마무리하고 새해를 시작한 대학교회는 2000년도에 들어서 활력의 전환점을 마련하였다는 것을 보여 주었다.

2) 2001년 대학교회의 방향 모색

2000년 박정진 목사의 부임 이후 대학교회의 예배의 영적 깊이와 친교 그리고 조직의 활성화를 통해 부흥의 결실이 뚜렷이 나타나게 되었다. 우선 예배 참석 인원이 서서히 증가하고 있었다. 2001년 운영위원회에서는 교인도 많이 늘고 재정도 많이 늘어서, 1999년까지 외부 후원만 하던 재정을 교회의 예배부, 선교부 등 여러 부서를 운영 할 수 있는 정도로 재정을 확보되게 되었다. 주일학교 학생들은 일대일 교육을 받도록 체계가 강화되었고 청년부의 성장도 눈에 띄게 늘어났다. 1999년에는 성가대와 목회자가 예배 후 중식을 나누었으나 이제는 전교우가 함께 예배 후에 다과를 나눌 수 있게 되었다.

2001년부터는 월 1회 외부 강사를 초청하여 말씀을 들을 수 있는 기회를 만들기로 하였다.

1월	이명순 선교사
2월	고진하 목사(시인)
3월	김범일 가나안 농군학교 교장
4월	정수영 박사(플로리다 오칼라 심장병원 심장외과)
5월	허기복 목사

봄이 되면서 2001년도 사역을 위한 계획을 구체화하기 시작하였다. 우선 늘어난 교회 재정을 사회복지 기관 후원에 더 할당하기로 하였다. 그리고 기존에 선교비를 후원하는 단체들에게는 소식지를 매달 한 번씩 받고 분기별로 한 번씩 후원 보고를 받아 선교비 사용에 대해서 교우들에게 보고하게 하였다.

그리고 원주의료원 소망회는 가마골 선교회의 산하단체로서 독거노인들을 돌보는 곳으로서 비정기적으로라도 후원 요청이 재개되어 매월 10만원씩 후원을 결정하였다. 또한 연세대학교 병원 안에 있는 기독재활원은 현재 재정이 모자라는 곳은 아니지만 연세대학교를 후원한다는 의미에서 타진을 한 후에 돕기로 결정하였다.

대학교회는 학생 선교를 위해서 개강 초에 신입생을 상대로 전도대회를 열기로 하였다. 그리고 교회에 정기적으로 출석하는 학생들 중에서 지원을 받아 성가대를 보완하기로 하였다. 그리고 예배를 더욱 풍성하게 하기 위해서 4-5월 중에 음악예배를 기획하기로 하였고, 교회를 운영하고 남는 잉여금 중에서 30%를 적립하여 교회 증축을 위한 적립금을 만들고 분기별로 1회씩 건축헌금을 모아 교회 증축에 대한 비전을 구체화하기로 하였던 것이다.

　2001년을 섬기기 위해 교회에서는 이인규, 이정림 집사가 세워져 기존의 김춘희, 박경순 집사와 함께 교회 살림을 돌보게 되었다. 그리고 각부 부장을 새로 선출하여 신년도 교회의 사역을 섬기도록 하였다.

예 배 부 장	용석중 교우
교 육 부 장	박광화 교우
선 교 부 장	김형중 교우
친 교 부 장	정순희 교우
여선교부장	이인규 집사
청 년 부 장	이익재 교우
재 무 부 장	박경순 집사
감　　　사	김춘희 집사
성 가 대 장	용석중 교우
주일학교장	박광화 교우

　2001년 대학교회는 지역사회와 협력을 강화하였다. 우선 밥상 공동체 회원들과 교류를 확대하고 공동체를 이끌고 있는 허기복 목사를 초빙하여 말씀을 듣고 사역 현황을 파악하여 교우들이 후원 대상에 대한 이해를 넓히도록 돕고, 교회도 구체적인 후원 방안을 마련하여 나가기로 하였다.

그리고 보람교회 박종덕 목사를 초청하여 예배 중에 말씀을 듣기로 하였다. 그리고 박종덕 목사의 건강이 좋지 않은 상황에서 농촌선교를 진행 중이기 때문에 재정적 어려움마저 겹쳐있어서 교회에서는 박종덕 목사의 건강검진이 끝나면 구체적으로 추가 후원에 대한 결의를 하였고, 2001년 5월부터 기존의 후원금 10만원을 20만원으로 증액하여 긴급한 상황을 타개하도록 하였다.

학기 중반을 향해 가면서 대학교회는 향후 교회 운영을 위한 추가적 방안을 제시하였다. 교회 예산을 집행할 때 50만 원 이상을 지출할 경우에는 운영위원회의 지출 결의를 받고 물품대장에 기록하여 재정 집행을 합리적으로 하도록 하였다. 그리고 교회의 연간 예산 편성을 각 부별로 작성하여 살림살이를 규모 있게 하도록 하였다.

교회는 선교와 전도 사업을 위해 재정 지원도 계속하여 나갔다. 부흥콘서트를 후원하기 위해서 20만원, 강원도 안흥고등학교 학생 장학금을 위해서 10만원, 기독교선교단체 C.C.C. 정요셉 교우의 필리핀 선교 활동 후원에 20만원을 후원하여 교회 내외의 선교활동에 적극적으로 참여하였다.

그럼에도 교회 선교부에서는 대학교회가 선교활동 및 후원에 더 적극적으로 나서야 한다고 보고하였다. 선교부에서는 2001년 현재 대학교회가 후원하고 있는 원주지역 기독교 단체와 사회복지 단체가 9개로 정기적으로 선교헌금을 보내고 있다고 보고하였다.

2001년 3월 26일부터, 4월 5일까지 방글라데시 짤마리 지역의 의료 선교에 박정진 목사를 비롯한 7명을 파송하였고, 160만원의 선교헌금을 해외선교 준비위원회에 기부하였다고 밝혔다. 그러면서 선교부에서는 대학교회의 재정이 2000년도의 경우 5천 1백만 원이었고, 그중 선교비가 1천 7백 2십만 원 정도로, 전체 예산의 33.42%를 지출하였다고 밝혔다. 이 규모는 1998년도 대비 선교비 지출로는 상당히 증액이 된 것이지만, 대학교회의 재정의 특성상 예배당 임대료, 교역자 급여, 상근 직원 보수 등이 없다는 점을 고려할 때 선교비 지출이 많다고 보기는 어려우니 선교비를 늘여 나가는 방안 고려할 것을 권고하였다.

2001년도 상반기 수입은 3천 6백 70만 원 정도에 이르고 있었고, 총지출은 2천9백만 원 정도이며 그중 가장 많은 것이 선교비로 9백 10만원, 친교비 4백만, 목회비 3백만, 사무비 270만 원 정도를 지출하여 운영하고 있었다. 그런 점에서 보면 대학교회는 교회 운영에서 선교활동에 가장 역점을 두고 있었다는 것을 재정 지출 현황을 통해서도 볼 수 있다.

2001년 5월 5일과 6일 양일간에 걸쳐 교회에서는 신림 복민수양관에서 주일학교 봄 캠프를 가졌다. 그리고 5월 20일에는 야외예배로 오대산 등반대회를 열었다. 참석자는 모두 51명이었고 오대산 소금강에서 등반대회과 야외예배를 드려 교우들의 화합과 자연 속에서 영성 훈련을 가졌다. 8월 17일부터 19일까지는 강원도 용평 유스호스텔에서 대학교회 여름캠프를 진행하였다. 교우들의 오랜 준비와 참여로 안식과 은혜가 넘치는 여름캠프를 보낼 수 있었다.

하절기 중 교회가 초청한 외부강사는 셋으로 교회와 관련을 맺고 있는 유관 기관들과 교회 교우들의 신앙생활에 필요한 이들을 초청하여 강의를 들었다. 그리고 7-8월 운영위원회에서는 가마골 선교회에 이사회가 구성된다는 보고를 접하고 긴밀한 관계 조성과 운영 참여를 위해서 이사를 파송할 것을 결의하였다.

6월   용석천 목사(가마골 선교회)
7월   조홍기 교수
8월   양은순 교수(기독교 가정 사역, 천안대 상담대학원)

2001년도 가을 대학교회는 교회가 지급한 장학금이 학생들의 학교활동과 생활에 크게 보탬이 되었다는 보고를 받았다. 교회는 교회의 장학금이 기독의료인 양성이라는 원칙적 목표에 맞게 신앙생활에 성실하고 학업에 열심히 있으나 가정 형편이 어려운 학생들을 우선적으로 지급하되 다른 장학금과 겹치지 않게 배분하기로 하였다. 교회의 장학금 지급은 위와 같은 기준으로 하되 학생들의 신청을 받고 심사를 거쳐서 교회 장학위원회에서 비공개로 지급 하였다. 비공개로 한 이유는 장학금의 수령 기준이 가정 형편이 고려됨으로 학생을 배려하는 차원에서 비공개 지급을 결정하였다.

2001년 9월 11일 미국 뉴욕에서 일어난 테러 사건이 세계를 강타하였다. 대학교회의 2001년 9월 16일 주보에는 우리의 상상을 초월하는 죽음의 세력들이 불안을 가중 시키고 있으니 안타깝게 죽음을 당한 이들의 명복을 빌며, 우리가 사는 세계가 평화의 길로 나아가게 되기를 소망하고 있었다.

2001년 12월 25일 성탄절을 맞은 대학교회는 밥상공동체를 예배를 드렸다. 교회에서 10 30분에 교우들이 모여 함께 교회에 도착하였다. 사회는 허기복 밥상공동체 목회자가 인도하였고 대학교회 찬양팀의 성탄 기원노래로 예배를 시작하였다. 그 후 교회가 정성스레 마련한 선물을 전달하였다. 박정진 목사의 설교가 있은 후, 공동체의 최진영 할아버지의 성탄 감사 인사가 있었다.

2001년도의 대학교회는 교회의 내적 정비가 거의 완비되었기 때문에 교회 밖의 이웃 공동체와 사귐과 봉사에 주력하였고, 대학교회의 특성을 살려 해외봉사와 의대학생들의 장학금 지급 등 기독의료인 양성 사역에 심혈을 기울인 한 해 였다.

3) 2002년의 대학교회의 사역

2002년도 대학교회는 새해를 활기차게 보내기 위한 염원으로 신년예배를 드렸다. 박정진 목사는 '인간의 계획, 하나님의 결정'이라는 설교를 통해 사람이 계획을 세운다고 해도 그것을 이루시는 것은 하나님이라는 사실을 각인하는 설교를 하였다. 2002년도 교회의 경건회는 공식적으로 다섯 가지의 모임이 실시되고 있었고 안정적으로 운영되고 있었다.

주 일 예 배	주일 오전 11시
주 일 학 교	주일 오전 10시
수요기도모임	수요일 오후 8시
청년회 모임	토요일 오후 7시
가 정 예 배	수요일 오전 10시 30분

그리고 운영위원회를 재구성하여 새로운 사역의 토대를 구축하였다.

예 배 부 장	용석중 교우
교 육 부 장	박경순 집사
선 교 부 장	박광화 교우
친 교 부 장	정순희 교우
여선교부장	이인규 집사
감 　 사	김춘희 집사
성 가 대 장	용석중 교우
교회학교장	박경순 집사
재 무 부 장	안성현 교우
전공의 대표	김상하 교우
간호사 대표	박성은 교우
학 생 대 표	전흥만 교우

신년 초부터 교회는 올해 계획된 해외 의료 선교에 만전을 기하기 위해 노력하였다. 2002년도 원주의과대학과 세브란스병원의 해외 의료선교는 캄보디아로 결정되었다. 이번 의료 선교는 9회차로서 2월 1일부터 8일까지 펼쳐질 예정이었다. 이에 교회는 물적 인적 지원하기 위해 특별헌금을 실시하기로 하였다. 교회에서는 1월 20일 캄보디아 선교를 위한 특별헌금 시간을 가졌다. 그리고 그 헌금 액수의 두 배를 채워 선교후원금으로 지원하였다. 대학교회에서는 용석중, 이종혁, 김기주, 김분화 교우 등이 참가하였다.

의료봉사단은 전체 19명의 단원으로 구성되어 있었다. 의료봉사단의 구성은 2001년도 12월에 시작되어 1차 준비 모임을 2001년 12월 19일 모였다. 2002년 1월 9일까지 6차례의 준비 모임을 가졌고, 2002년 1월11일에는 기도회로 모였다. 2002년 1월 30일 수요일 12차 준비 모임을 갖고, 드디어 2002년 2월 1일 금요일 4시 50분 각자 자택에서 공항으로 출발하여 여정이 시작되었다.

4시 50분 베트남 항공편으로 이륙하여, 현지시간 5시 50분에 캄보디아에 도착하였다. 3시간의 운전 끝에 선교관에 도착하였다. 진료소를 설치하고 진료 계획을 수립하였다. 진료 시간은 오전 9시 30분부터 오후 5시까지로 하였다. 진료팀은 다음과 같이 구성하였다. 내과 김헌주, 용석중, 소아과 김황민, 피부과 이세원, 치과 김재영, 황인규, 성형외과 정윤규, 홍준표, 권현준, 안과 홍순기, 이종혁, 허명숙 약국 이현영, 최상순, 이규재, 박종만, 강혜원, 서큘레이터 권승연, 김기주, 김분화였다. 이틀간 진료 활동을 하고 3일 째에 휴식을 취하였다. 4-6일째에 진료를 계속하였고 7일 째에 휴식 시간을 가졌다. 진료팀은 의료봉사 기간 동안 내과 777명, 소아과 299명, 피부과 324명을 진료하였다. 의료 선교를 위한 총예산 액은 4천3백 4여만 원이었다.

그리고 기독의료인 양성을 위한 교회 장학금을 지급하기 위해 신청서를 작성하여 교회 사무실에 제출하도록 광고하였다. 이번 봄학기에는 5명의 의과대학 학생에게 총 480만원의 장학금이 지급되었다. 교회는 학기 초 기독교 동아리의 홍보를 위한 오리엔테이션에 행사 비용의 초과금액을 지원하였다. 이 행사는 2002년 3월 8일 캠퍼스 내에서 실시되었고 '신입생 기독인 나눔'이라는 제목으로 행사를 추진하였다. 교회와 학생들이 학원 내 선교를 위한 연합의 소중한 열매 중 하나였다.

1월 27일에는 교회에서, 그간 대학교회에서 신앙생활을 하다가 졸업을 하게 된 학생들에게 파송패를 전달하는 순서를 가졌다. 그간 의과대학과 대학교회에서 기독 의료인의 훈련을 받은 이들이 이제 캠퍼스를 떠나서 어디로 가든지 그리스도의 향기를 지닌 의료인으로 살아가도록 격려하고 파송하는 자리였다. 파견된 이들은 다음과 같았다.

선 교 사	박용원
전 공 의	강소은, 전은성, 윤현진, 이익재
의 학 과	김윤권, 박광식, 고현철, 김종민, 안풍기, 전진희,

신동욱

간호학과　공명화, 김보성

　교목실에는 도서실을 구성하여 교우들과 학생들이 자유롭게 이용하자는 의견이 개진되었다. 교우들과 학생들의 신앙생활을 돕고 경건한 지식 함양을 위해 도서를 구입하여 교목실에 비치하도록 결정하였다.

　교회의 원주지역 선교 지원은 한병렬 할아버지 방문을 지속적으로 교회가 돌아가며 하기로 하였고, 밥상공동체에 무선 마이크를 기증하기로 하였으나 우선 공동체에서 필요한 것을 알아보고 기증하기로 하였다.

　교회에서는 3월 31일 대한성서공회에서 추진하는 〈새번역성경 개정판〉 교환에 동참하도록 요청하였다. 기존의 〈새번역 성서〉를 모아서 새로운 판으로 무료 교환을 실시하는 중이었다. 교회에서는 3주간에 걸쳐 성서를 모아 새 성경으로 교환하여 교우들이 사용하도록 캠페인을 벌였다.

　5월 4일과 5일에는 교회학교 주관으로 복민수련원에서 교우 봄 캠프를 열었다. 그리고 같은 5월 5일에는 교회 일원이 밥상공동체를 방문하여 공동예배를 드렸다. 설교는 허기복 목사가 하였고 예배 후에 공동식사가 있었다. 교우들은 예배와 애찬을 마치고 함께 설거지를 하며 봉사의 기쁨을 나누었다. 5월 12일에는 전교우 야외예배를 드렸다. 장소는 설악산이었다. 등산이 어려운 교우들이 있어서 많은 인원이 참석하지는 못하였지만, 자연 속에서 영적 감동을 느끼는 예배였다.

2002년 6월 27일부터 29일까지, 연세대학교 매지캠퍼스에서는 제17회 전국 대학교수 선교대회를 열었다. 주제는 '예수 그리스도와 생명'이었다. 대학교회는 우선 이 행사를 위한 후원과 봉사를 위해 준비를 하였고, 교우들의 참여를 요청하였다. 의과대학과 병원 관계자들 그리고 교회에 소속된 이들이 적극적으로 참여하였고, 행사는 성료되어 기독지식인의 연합행사를 연세캠퍼스에서 이끈다는 기독교대학으로서 자부심을 얻을 수 있었다.

2002년도 전교우 여름수련회는 기존의 신앙수련회를 넘어서 의료봉사와 신앙수련회를 함께 하는 수련회를 갖기로 하였다. 일시는 2002년 8월 15일부터 18일이었다. 장소는 경상남도 하동군 돌단교회와 남해 일대였다. 교회에서는 일단 의료봉사팀과 수련회팀을 구성하여 준비를 하였다.

의료봉사팀은 용석중 교우가 담당하였고, 수련회 프로그램은 박광화 교우가 담당하였다. 8월 15일 일정은 아침 일찍 교회에서 출발하여 도착 한 후 여장을 풀고, 그 다음 날인 16일에는 의료봉사를 실시하고 17일에는 남해 관광과 해수욕을 하였다. 그리고 마지막 날 최종화 목사가 담임 교역자로 시무하는 돌단교회에서 주일예배를 함께 드렸다. 어른들만 24명이 참가하여 수련회는 성황리에 마쳤다.

2002년도에는 홍수로 인해 수해를 겪는 이들이 많았다. 대학교회에서는 수재민을 돕기 위한 헌금을 9월 1일부터 모금하여 구호 기관에 보내었다. 총액은 762,100원이었고 교회는 이 금액을 한국 방송공사에 보내 수재민을 구호하는데 사용하게 하였다. 9월 10일 에는 2002년도 2학기 장학금 수여가 있었다. 2학기 수혜는 의과대 학에서 모두 8명이 받았다.

교회에서는 대학교회가 사용 중인 강당이 예배에 불편함이 있 어서, 학교의 허락을 받아 강당 일부 보완 공사를 실시하였다. 공사 기간은 10월 11일부터 14일까지로 그 기간 중에는 교회가 다른 장 소에서 예배를 드리기로 하였고 공사 대금의 일부를 교회에서 담당 하기로 하였다. 운영위원회에서는 10월 13일 교회가 공사로 인해 강당사용이 불가능하므로 그날을 기해 야외예배를 드렸다. 마침 가 을도 깊고 교회는 강원도 둔내면 자연 휴양림으로 가서 예배를 드 리기로 하였다.

11월 1일 강당 수리가 끝나고 연세대학교에서는 강당 보수 공사 감사예배를 드렸다. 이날 대학교회 성가대가 예배에 참석하여 특별 찬양을 하였고, 학교 측에서는 강당 공사에 교회가 공헌한 것을 기 려 대학교회에 감사패를 수여하였다. 새롭게 증축된 강당의 이름은 루가 홀(Luke's Hall)로 명명되었다. 신약성서에 바울의 동역자요, 누가복음의 저술자인 의사 누가의 이름을 빌어 연세대학교 의과대 학의 모든 관계자들이 의사 누가와 같은 복음과 의술의 마음을 가 지고 공부하고 가르치고 봉사할 것을 다짐하는 의미가 그 이름에 담겨 있었다.

11월 11일 주일에는 교회가 후원하는 가마골 교회의 평화의 집 신축 공사를 돕기 위한 대학교회의 특별헌금 시간이 있었다. 가마골 선교회의 용석천 목사는 이날 마태복음 4장 23-25절을 본문으로 '선교와 구제'라는 제목으로 설교하였다. 교회에서는 이날 드려진 특별 헌금에 같은 액수의 교회 재정을 보태서 가마골 선교회 후원금으로 제공하였다. 그리고 대학 내에서 수고하시는 여러분들을 위해서 케익을 마련하여 수위실, 시청각실, 시설과, 기계실, 청소 아주머니 등에게 전달하여 교회의 사랑을 나누었다.

　11월 17일 추수감사주일에는 감사예배와 세례식 그리고 공동식사가 있었다. 이번 감사절 세례식에서는 유아세례 김유영 외 3명, 학생세례자 정소영 외 4명의 학생이 세례를 받아 그리스도의 사람으로 거듭났다.

　2002년 12월 25일 성탄절 예배는 예년처럼 밥상공동체에서 공동예배와 공동식사를 나누는 예배를 드렸다. 박정진 목사는 요한복음 1장 9-13절을 토대로 '하나님에게서 난 자'라는 제목으로 설교하였다.

　2002년도 대학교회의 재무 보고에 의하면 재정 수입은 58,125,270원이었다. 그리고 지출은 64,417,970원이었다. 2002년은 수입보다 지출이 6,292,700원 많이 이루어져 적자를 나타내었다. 가장 많은 지출은 선교비로 2천 800만원을 지출하였고, 그 다음은 친교비로서 대략 1천만원 정도가 지출되었다. 2002년도에 대학교회가 후원하는 유관단체는 11개처로 증가하여 교회의 사회봉사의 영역이 계속 확대되고 있음을 보여 주었다. 2002면에 대학교회가 후원하는 단체는 작은 집, 해뜨는 집, 가마골선교회, 밥상공동체, 보람교회, 원주환경운동연합, 유진벨, 이웃사랑회, 원주의료원, 생명교회, 조경아-박경남 선교사 등이었다.

4) 대학교회의 2003년의 발전

2003년 새해를 맞은 대학교회는 마음을 새롭게 하여 신년 예배를 드렸다. 박정진 목사는 '그리스도 안의 새 피조물'이라는 설교를 통해, 진정한 새로움은 시간의 흐름에 있는 것이 아니라 하나님의 성령 안에서 새로운 존재로 거듭나고 세워질 때 가능하다고 메시지를 전하여 새해를 맞은 교우들의 영적 각성을 요청하였다.

대학교회는 2003년 초부터 교회가 후원하는 단체들을 방문하여 그들을 격려하고 교제하기로 하였다. 원래 1월 첫째 주부터 실리할 예정이었으나 폭설로 교통이 불편해져서 1월 12일부터 탐방을 실시하였다. 1월 12일에는 '평화의 집'과 '작은 집'을 방문하였다. 그리고 뒤이어 '해 뜨는집''보람교회'를 방문하여 교류와 협력을 다졌다.

설날을 맞이해서는 가정 예배를 통해 한해의 시작을 올바르게 신앙 안에서 하도록 가정 예배 지침서를 만들어 교우들에게 보급하였다. 교회에서는 설날의 의미를 한해의 시작으로서 가족들이 모두 모여 하나님께 예배를 드림으로 올바른 시작을 하는 것으로 그뜻을 새기게 하였다. 첫 단추를 잘못 끼우면 모든 단추가 잘못 끼워지는 것처럼 새해 첫날을 예배를 통해 아름답게 보냄으로써 한해를 아름답게 보내는 의미로 설날 가정 예배를 마련하였다. 2003년도 1학기 장학생은 홍지혜 외 4명이 선발되어, 2월 19일 교목실에서 장학금 전달식을 가졌다.

2003년도 졸업을 하는 학생들이 있었다. 초등학교 학생부터 대학 졸업하는 학생들 까지 17명의 학생들이 졸업하였다. 교회는 이들의 졸업과 앞날을 축복하며 모든 길에 하나님의 동행하심이 있기를 기원하였다.

연세대학교 원주의과대학 기독학생연합회에서는 작년에 이어 올해에도 '신입생을 위한 기독인 나눔터'를 시행하였다. 날짜는 3월 3일 이었고, 의과대학 내의 모든 기독교 동아리가 함께 신입생을 인도하여 소속감을 주고 연합정신을 기리기 위한 것이었다. 교목실에는 박정진 목사가 참여하여 개회 기도를 하는 등 기독학생 활동을 직접 지원함과 아울러 행사 당일 교목실의 협조로 대강당을 대여하여 행사를 돕고 대학교회가 보유한 여러 악기들을 학생회에 빌려 주었고, 전체 행사비 55만원 중 회비 30만원을 제외한 나머지 금액을 후원하여 기독학생 연합 행사를 성원하였다.

2003년 4월에는 신임으로 조경집, 박동숙 교우가 집사로 입명되어 제직 활동에 임하게 되었다. 그리고 2003년도 운영위원회를 구성하여 새로운 체제를 구축하였다. 그 명단은 다음과 같았다.

예배부장 성가대장   용석중 교우

선교부장	조경집 집사
친교부장	김상하 교우
교육부장 및 교회학교장	정순희 교우
여신도회장	이인규 집사
연신도회 총무	박동숙 집사
회계 및 재정부장	김춘희 집사

의과대학과 병원이 주관하는 제10차 해외의료선교단이 출범하였다. 단장에는 대학교회 교우인 용석중 교수가 선임되었고, 또 윤상진, 서영탁, 문세나, 김호현 등 대학교회의 교우들이 참여하여 의료봉사와 선교에 참여하게 되었다. 올해의 봉사활동지도 방글라데시였고, 교회에서는 선교 특별 헌금을 모아 같은 액수를 재정에서 더하는 방식으로 후원하여 선교 봉사 활동을 도왔다. 선교팀은 3월 18일에 파송예배를 드리고, 19일에 출발하여 봉사의 일정을 떠났다.

5월 4일 어린이 주일을 맞이하여 교회학교에서는 예배를 드린 후 배론 성지로 봄 소풍을 다녀왔다. 교회와 학부모의 성원 속에 행사를 지냈고, 5월 11일 어버이 주일에는 교회 전원이 밥상공동체 회원들과 공동예배를 드리고 함께 애찬을 나누었다. 이날 공동예배에서 밥상공동체 허기복 목사는 이사야 11장 1-9절을 본문으로 '어린양 교회, 사자 교회'라는 제목으로 설교하였다.

한 학기를 마무리하는 6월 1일 주일에, 교회는 봉평 허브마을이 있는 홍정계곡에서 전교우 야외예배를 드렸다. 오전 9시 버스를 타고 계곡에 도착한 후 예배와 공동식사를 가졌다. 박정진 목사는 시편 8편 1-9절을 본문으로 '창조의 청지기'라는 제목으로 설교하였다.

대학교회에서는 2003년도 하반기부터, 교회가 후원하는 단체들에 대해 새로운 후원 규칙을 도입하기로 하였다. 우선 그 동안 후원하던 원주의료원 소망회, 해뜨는 집, 원주환경운동연합은 2003년도 6월까지만 후원하기로 결정하였다. 그리고 교회가 후원하는 다른 단체들은 후원을 지속하되 2년간 후원을 하고, 그 후 검토를 거쳐 후원을 연장하도록 하였다. 그 시작은 2003년 4월부터 2006년 4월까지로 결정하였다.

교회의 홍보와 온라인 선교를 위해 홈페이지를 관리하도록 관리위원장에 윤영로 교우를 임명하였고, 관리자로 이영신 조교, 김진 교우, 정요셉 교우를 임명하여 조직을 구축하였다. 그리고 교회에서는 교육환경 개선 기금으로 대학에 1천 500만 원을 기부하기로 하였다. 장학금은 교회에서 지급하던 것을 2003년도 2학기부터는 학교를 통해 지급하기로 하였다. 교회의 새로운 후원 단체로 대학병원의 '직업재활원'을 선정하여 시행하게 되었다.

2003년 8월부터 기독병원 원목실의 정택진 목사가 대학교회에서 동역하게 되었다. 8월 3일 정택진 목사는 대학교회 예배 설교를 통해 메시지를 전파하였다. 본문은 에베소서 3장 14-21절로 '하나님의 가족을 위한 기도'라는 설교였다. 교우들은 함께 동역하게 된

2003 송구영신촛불기도회_박정진 목사

정택진 목사를 환영하며 감사의 마음을 전하였다.

　2003년도 2학기 장학생을 교회는 선발하였다. 9명으로 이들은 원주의과대학에 재학 중인 학생들로서 교회는 이들을 기독교 의료인으로 자라는 소망을 품고 후원을 계속하였다.

　2003년도 대학교회 여름 수련회는 8월 15일부터 17일까지 용평 한화콘도에서 개최되었다. 교우들이 후원과 참여로 자연 가운데서 영성과 안식을 할 수 있었던 수련회였다. 수련회 예배에는 박정진 목사가 사도행전 3장 6-8절을 본문으로 '내게 있는 것으로'라는 제목으로 설교를 하였다.

　8월 30일과 31일 양일 간 대학교회 주일학교에서는 '평화의 집'에서 어린이 전도협회 최규명 목사와 엄순남 간사를 초청하여 교회 교육을 위한 강좌를 열었다. 이 강좌에서는 교회교육의 중요성, 교사의 역할에 대한 강의와 함께 교육 현장에서 사용할 프로그램으로 율동, 어린이 이해, 찬양, 여러 교회학교 프로그램에 대한 교육이 있었다. 대학교회는 주일학교를 통한 어린이 신앙교육에 관심을 기울이며 신앙 교육에 매진하였다.

9월 7일에는 1993년 원주의과대학을 마치고 레지던트 수련 후에 뉴질랜드 '선교훈련대학'을 졸업하고 아시아에 선교사로 파송을 받아 가게 된 박경남 조경아 선교사 부부가 방문하여 설교를 하였다. 박경남 선교사는 창세기 12장 1-3절을 본문으로 '그 축복을 우리 시대에'라는 제목으로 설교하였다. 이어 두 선교사가 파송되는 아시아의 A국가에 대한 소개가 있었고, 조경아 선교사의 간증이 있었다. 박경남 선교사는 9월 17일 의과대학 채플에서도 설교를 하여 젊은 의학도들에게 기독교 정신을 지닌 의료인의 사명이 무엇인가를 알려 주었다.

2003년 여름 태풍 매미로 인해 전국에 피해가 속출하였다. 전국적으로 수해와 풍해가 발생하여 고통 받는 이들이 많았다. 대학교회에서는 즉시 구호 헌금을 모아 강원도 민영 방송에 전달하여 수재민 돕기에 적극적으로 나섰다.

10월 26일에는 2003년도 가을 야외예배를 드렸다. 여름 내 지친 심신을 달랠 겸 올해의 야외예배는 충주와 단양을 잇는 뱃길을 여행하며 예배를 드리는 것으로 정하였다. 주일 아침 일찍 교회를 출발하여 10시에 충주 댐에 도착하였고, 두 시간 반 정도를 뱃길로 여행을 하였고, 청풍유원지에서 예배를 드렸다. 박정진 목사는 로마서 8장 18-21절을 본문으로 '탄식하는 피조물'이라는 제목으로 설교하였다.

11월 18일에는 대학교회와 연원선교회가 주최하는 남성중창단 정기연주회가 열렸다. 대강당에서 열린 이 연주회에서는 대학교회에서 용석중 정순희 교우가 참가하여 교우들의 응원을 받았다.

11월 23일에는 추수감사절 예배를 드렸다. 가을 세례식이 이날 예배 중에 진행되었고 성인세례는 김기경 외 7명이 어린이 세례는 김성만 외 5명이 세례를 받았다. 이번 감사절에는 교회학교에서 준비한 연극이 공연되었다. 제목은 '임금님의 감사'였고 성가대가 준비한 찬양이 뒤를 이어 감사의 마음을 함께 나누었다. 예배를 마친 후에는 여신도회에서 정성스럽게 준비한 음식으로 공동식사를 나누었다.

12월 25일 성탄절 예배에서는 대학교회가 밥상공동체를 방문하던 전례를 바꾸어 밥상공동체에서 대학교회를 방문하여 함께 예배를 드리고 공동식사를 하였다. 예배를 위해 허기복 목사는 마태복음 2장 1-12절을 본문으로 '성탄 이후의 삶'이라는 제목으로 설교를 하였다.

2003년도의 대학교회의 재정은 전년도에 비해 괄목할 만한 성장을 하였다. 우선 수입 부문에 있어 전년도의 5천만원 대의 재정 규모가 91,717,963원으로 증가하였다. 지출의 경우도 81,982,870원으로 작년의 재정 적자를 메우고 새로운 사업을 추진할 여력을 갖추게 될 정도였다. 지출의 비중은 선교비, 장학금, 강당 수리비 등의 순으로 지출이 되어 대학교회의 재정의 우선순위인 선교에 대한 비중이 여전히 높았다.

5) 대학교회의 2004년도 사역

2004년도 대학교회 신년예배를 1월 4일 다 함께 드렸다. 대학교회는 벌써 창립 20년을 맞이하고 있었다. 박정진 목사는 로마서 10장 8-10절을 본문으로 '새날: 마음과 입으로부터'라는 제목으로 설교하였다. 바울 복음의 원리, 더 나아가 신약성서의 원리는 외적인 율법이 아닌 마음의 변화와 영적 변화를 통해 하나님의 새로운 존재가 되고 그것은 마음을 담은 언어 곧 입술의 변화로부터 온다는 진리를 가리키고 있었다. 교회는 2004년을 영적 변화로부터 시작하자는 다짐으로 새 출발을 알리고 있었다.

대학교회의 어려움 중에 하나는 시간의 흐름이 학교 시간표에 맞추어져 있기 때문에 교회력 절기와 일치하지 않는 경우가 많았다. 특히 방학 중에는 학생들 대부분이 귀가하여 출석 인원이 급속하게 줄고, 또 졸업을 하면 학생 교우들이 일시에 다른 지역으로 가는 경우가 많아 대학교회의 목회 및 운영은 이러한 인적 유동성의 변화에 대응하며 운영과 선교를 지속해야 하는 어려움이 있었다.

반면 최고의 신학 교육을 받은 목회자들이 대학교회의 담임 교역자로 파송 받아 오고 있었고, 연세대학교에 목회자가 소속되어 있었기 때문에 대학교회에서는 목회자 생활비에 대한 부담이 없어서 재정의 많은 부분을 사회봉사와 선교활동에 사용할 수 있게 된 것은 대학교회만이 누릴 수 있는 특권이기도 하였다.

대학교회 운영위원회에서는 1월 초에 2004년도 1학기 장학생을 선발하였다. 선발된 학생은 의대 치대 간호대 학생 10명으로 그간 대학교회에서 선발한 장학생의 숫자가 두 자리 수에 들어선 첫번째 해였다.

1월 11일에는 미국에서 한인 유학생을 상대로 목회를 하고 있는 손희영 목사가 대학교회를 방문하여 설교하였다. 손희영 목사는 미국 플로리다에서 목회를 하고 있었다. 손 목사는 연세대학교 의과대학을 졸업하고 세브란스병원 내과 교수를 역임하였다. 그러던 중 뜻한 바가 있어 목회자가 되었고 마침 한국에 특별집회가 있어 방문하던 중 대학교회에서 설교를 하게 되었던 것이다.

2월 20일 금요일 낮에는 그간 의과대학에 재학하며 대학교회 교우로서 세례도 받고 봉사활동도 하면서 신앙 안에서 교제를 나누었던 지체들이 졸업과 타 병원 근무로 이거하게 된 것을 아쉬워하는 파송의 나눔 시간이 있었다. 서영탁, 김은미, 문세나, 한윤기, 이민휘, 윤선희, 이선희 교우는 졸업을 하였고 전흥만, 이향아 선생은 인턴과 레지던트를 마치고 다른 병원으로 전근을 하게 되었다. 교우들은 이날 식사를 나누며 이들의 앞길을 축복하며 기독의료인으로서 빛과 소금의 삶을 살기를 기원하였다.

대학병원과 의과대학이 파송하는 해외의료 선교 제11차 파송이 2004년 2월 28일부터 3월 7일까지 캄보디아의 바탐방 지역을 중심으로 실행되었다. 이번 선교단의 단장은 김헌주 교수, 총무는 박광화 교수로 총 33명의 인원이 선교단에 합류하였다. 교회에서는 이 선교단을 후원하기 위해 2월 22일 특별 헌금을 모았고 그만큼 액수를 재정에서 보태어 선교에 보탰다.

이번 해외선교단은 2004년 1월 26일에 제1차 의료 선교 준비 모임을 시작하여 총 9차에 걸친 준비 모임을 실시하였다. 2004년 2월 27일 금요일 오전 8시에 의료 선교단 파송예배가 있었다. 예배 인도는 박정진 목사, 설교는 정택진 원목이 하였다. 이사야 53장 4-6절을 가지고 '그리스도의 고난을 생각하며'라는 제목으로 파송 설교를 하였다. 단원들 소개가 있었고 강성준 원주의과대학장의 파송사가 있었다. 강성준 학장은 1913년 이곳 강원도 원주에 세워진 서미감병원과 앤더슨 부부에 대하여 언급하였다. 가난하고 버림받았던 이곳에 세워진 서미감병원 처음 17개 병상의 작은 병원이었으나, 2004년에는 33명의 의료봉사단을 캄보디아로 파송하게 된 것은 하나님의 주관과 섭리 그 역사라는 것을 강조하였다. 그리고 마지막으로 원주기독병원 신계철 병원장의 격려사가 있었다.

2월 28일 토요일 5시 출발 예배를 드리고, 오후 4시 인천공항에서 이륙하여 오후 7시 캄보디아 도착 하루를 호텔에서 묵었다. 29일 바탐방으로 출발, 오후 한시부터 고아원에서 첫 번째 진료 준비 활동을 시작하였다. 3월 1일부터 진료가 시작되었다. 4일간 오전 8시부터 오후 5시까지 진료 활동을 하였다. 5일째에 알코르 와트 방문하여 역사 유적지 탐방하고, 3월 6일 베트남 하노이로 이동, 3월

7일 오전에 인천공항으로 귀국하였다. 이 가간 동안 진료한 환자들의 수는 총 2166명이었다. 내과 482명, 외과 511명, 소아과 223명, 안과 225명, 피부과 197명, 치과 214명, 성형외과 120명이었다. 그리고 기생충학과에서 조사한 현지인 숫자가 2200명이었다. 이 의료봉사를 위해 국내 제약회사들이 기부한 의약품만 2천3백 3십만 원 분량이 넘었다. 이번 선교의 총예산은 4천 6백만 원이었고, 총지출은 4천 4백만 원이었다.

교회학교와 성가대는 지난해의 교육 성과와 예배 섬김을 돌아보고 새해의 활동에 대해 논의하기 위하여 2월 21일부터 이틀간 토지문화관에서 워크숍을 진행하였다. 교회의 대부분의 부서 활동이 계획과 검토가 이루어짐으로써 교회의 조직적 내실화를 기할 수 있었다.

2004년 3월부터 대학교회 전도사가 부임하여 교회 사역에 동참하였다. 교회 운영위원회에서는 허정섭 전도사를 교목실 조교 및 대학교회 전도사로 임명하여 박정진 목사의 목회 사역을 돕게 하였다. 교역자가 새로 임명되어 대학교회의 운영과 사역에 활기가 더 커지는 계기가 되었다.

2004년 3월 9일에는 교목실이 주관하고 의과대학 기독교 동아리들이 연합적으로 준비한 '기독인 새내기 나눔터'를 개최하였다. 작년부터 활성화가 된 이 행사는 신입생들을 기독교 동아리와 대학교회어세 멘토링함으로써 의과대학생들을 장기적으로 기독의료인으로 육성하고 후원하는데 그 목적을 두고 있었다. 대학교회는 장소 사용 및 교역자들의 참여로 이 행사를 적극적으로 후원하였다.

대학교회의 특성 때문에 주중 모임을 가정예배로 드리던 것이 일반적인 과거의 방식이었다. 때에 따라 각 연령별 경건 모임을 만들어 운영한 경우도 있었다. 이번 허정섭 전도사가 충원됨으로 인해 교회는 사역의 범위를 확장할 수 있는 계기를 마련하였다. 대학교회에서는 2004년 3월부터 매주 수요일 저녁 7시에 교회 사무실에서 교우들 전체를 대상으로 성경공부를 개설하였다. 그리고 1-2학년 학생들을 대상으로 성경공부반을 개설하여 허정섭 전도사와 시간을 논의하여 운영하게 하였다.

대학교회에서는 부활절이 다가옴에 따라, 교목실이 주관하는 신앙 강화 주간에 홍보 및 적극적인 참여를 결정하였다. 기간은 4월 12일부터 13일까지 채플 시간을 통해 경동교회의 박종화 목사를 강사로 초청하여 루가홀에서 개최하였다. 교회는 교회 주보와 홈페이지를 통해 이를 홍보하고 학생을 위한 것이기는 하지만 일반 교우들의 많은 참여를 독려하였다.

2004년도 부활절을 기해 대학교회에서는 대학교회 주보를 전면적으로 개편하였다. 창립 이후 현재까지 대학교회의 주보는 흑백 인쇄로 되어 있었다. 특히 초창기에는 타이핑을 한 것을 복사하여 사용한 시기가 수년 간 있었고, 그 후 인쇄를 하여 조판이 깨끗하게 되었지만 흑백 인쇄 상태였다. 2004년 부활절 주보부터 대학교회는 컬러 인쇄를 사용하여 주보를 발행하였다. 2004년 4월 25일 부활절 제3주 21권 17호 주보부터였다.

5월 2일 주일에는 어린이 야외예배가 에버랜드에서 진행되었다. 그리고 5월 4일에는 그 동안 대강당의 이름을 루가홀로 정했으나, 아직 현판을 게시하지 않은 상태였기 때문에 그날 제막식이 진행되었다. 5월 9일 어버이 주일에는 밥상공동체 지체들과 연합예배를 드렸다. 이날 허기복 목사는 디모데후서 1장 3-5절을 본문으로 '밥과 어머니'라는 제목으로 설교하였다. 예배 후에는 대학교회 교우들과 밥상공동체 가족들이 함께 공동식사를 나누었다.

가정의 달인 5월 전교우 야외예배가 16일 주일에 둔내면의 자연 휴양림에서 개최되었다. 어린이 주일, 어버이 주일 그리고 전교우 야외예배로 가족을 넘어선 영적 가족으로 확대하려는 교회의 사랑의 교제는 이렇게 20여년을 이어 교회의 전통으로 자리잡고 있었다.

7월 중에는 보람교회 박종덕 목사의 사모가 갑작스런 수술로 입원 치료를 한다는 소식을 듣고 긴급하게 수술비의 일부를 지원하기로 결정하였다. 7월 11일 박종덕 목사를 대학교회 예배로 초청하여 설교를 들었다. 박종덕 목사는 시편 137편 1-6절을 본문으로 '히브리 포로들의 합창'이라는 설교를 하였다. 교회에서는 박종덕 목사의 사역과 사모의 수술에 대해 위로와 격려를 전달하였다.

2004년도 2학기 장학생은 20여명 신청을 받고 그들 중 학자금 지원이 필요하다고 여겨지는 학생들 10명을 선발하여 지급하였다.

여름이 깊어지면서 교회의 여름 행사들을 진행하였다. 어린이 여름 성경학교는 7월 28일부터 30일까지 경기도 여주 간현의 간현

수련원에서 진행하였다. 전 교우 여름수련회는 8월 14일부터 이틀 간, 강원도 강릉 경포대 MGM 호텔에서 진행하였다. 이번 여름 수련회에서는 자연과 하나님과 사귐의 시간을 갖고 영적 휴식을 취하는 시간을 가졌다. 수련회 예배에서 허정섭 전도사는 사도행전 2장 1-3절을 본문으로 '하나 됨의 시간'이라는 제목으로 설교하였다.

수련회를 마친 교회는 9월 3-4일 양일간에 걸쳐서 복민교육원에서 교회학교 교사 워크숍을 진행하였다. 가을 개강을 앞두고 교사들의 영적 훈련과 새로운 교회교육 프로그램을 개발하고 익히는 훈련의 과정이었다. 이 워크숍에서 유치부 부장선생님으로 정우선 교우가 선출되었고 교사에 김신, 박수연 선생님이 임명되어 어린이 교육과 신앙 훈련을 맡게 되었다. 이 교사 수련회에서는 1학기 사역에 대하여 돌아보는 시간을 갖고 2학기 사역에 대한 계획과 토론

여름수련회_강릉 경포대

을 진행하였다. 함께 토론한 주제들은 다음과 같았다.

1. 분반공부에 대해서 - 분반 현황, 어린이들의 영적 성장,
   프로그램
2. 교회학교 2부 프로그램
3. 부활절, 어린이 주일, 어버이 주일, 한병렬 할아버지 방문
4. 교사의 인원 수, 반 편성, 교사 모임, 주일예배 참석 문제
5. 방학 프로그램, 여름캠프, 여름수련회, 방학 중 예배
6. 교사 워크숍의 발전을 위하여

2004년도 주일학교 운영 현황은 교육 목표는 '예수님의 사랑을 배우고 실천하자', 표어는 '예수님의 사랑을 전하는 어린이' 그리고 교회학교의 매주일 실천 방안은 9시 50분에 교회 와서 예배 준비하기, 교사는 오는 어린이를 사랑으로 안아주기, 예배 시작 5분전에 찬양으로 준비하기 등을 정하여 교육에 만전을 기하였다.

주일 10시부터 40분간 예배를 드리고 그 후 30분간 분반 공부를 하고, 다음 2부 순서로 간식과 다양한 활동을 준비하여 교회학교에 출석하는 어린이들의 흥미를 높이고 즐거운 예배를 만들어 나갔다. 2004년도 교회학교 조직은 다음과 같았다.

교　　장　　박정진 목사

교육담당　　허정섭 전도사

교육부장	정순희 교수
총 무	한석
서 기	노하니
친교 봉사	김얼
홍 보	김효정
예배 준비	한석
반 주	노하니
찬양 율동	홍한나
주 보	한석

2004년 가을 10월 17일 대학교회 전교우 야외예배가 강원도 신림면의 복민교육원에서 열렸다. 참석자는 43명이었고 자연 속에서 하나님의 돌보심을 깊이 체험하는 시간이었다. 박정진 목사는 마태복음 6장 25-27절을 본문으로 '공중의 새를 보라'라는 제하의 설교를 하였다.

깊어가는 가을 숲에서 교우들은 하나님의 섭리와 자연을 통해 베푸시는 은혜를 만끽하며 영적 훈련을 마칠 수 있었다.

산 위에 올라 굽이쳐 산야를 보며
나를 사랑하시는 내 주님을 생각한다
내 생명의 근원이 되시며, 내 삶의 목적이 되시며
내 사고의 중심이 되시며, 내 존재의 이유가 되신

내 구원의 주님 앞에 내 작은 힘 모두어

경배와 찬양을 올린다

11월 21일 추수감사절 예배에는 세례식과 공동식사가 있었다. 이번 추수감사절 예배 때 세례는 차예지 학생 외에 3명이 세례를 받고 그리스도의 사람으로 거듭났다. 예배 설교는 고린도후서 12장 7-10절을 본문으로 박정진 목사가 '내게 족한 은혜'라는 설교를 하였다. 예배를 마친 후에는 전 교우들이 함께 모여 애찬을 나누었다.

2004년도 회계 보고는 2003년도 회계를 2003년 12월이 아닌 2004년도 2월까지 예결산을 보고하여 변동이 생겼다. 2003년도 총 수입은 106,529,100원이었고 같은 기간에 지출은 96,339,414원이었다. 2004년도에는 3월부터 11월 21일 현재 67,464,920원이었고 지출은 55,643,150원이었다.

2004년도 대학교회의 외부 지원 상황은, 우선 선교단체를 가마골 선교회, 원주밥상공동체, 작은 집, 유진벨, 원주시장애인복지관과 2004년 3월부터 후원을 시작한 한국기독학생회(IVF 원주지회)가 있었다. 후원하는 개척교회는 보람교회와 생명교회 두 곳이었다. 교회는 교회건축 기금을 적립 중에 있었다. 2004년도 11월 현재 17,000,000원이 적립되어 있었다.

6) 2005년도의 대학교회의 현황

2005년 1월 2일 신년주일을 맞이한 대학교회는 교우들이 함께 모여 신년예배로 하나님께 영광을 돌리며 새로운 시간을 허락하신 것에 감사하며 새 마음으로 새해에 열매 맺는 삶을 살기로 다짐하였다. 이 예배를 통해 박정진 목사는 사도행전 2장 5-13절을 본문으로 '새로운 시작'이라는 제목의 설교를 하였다. 사람이 그 마음으로 새로움을 소망하지만, 진정 새로워지는 것은 오직 하나님의 성령의 임재를 통해서라는 것을 깨닫고 다함께 마음으로 모아 결단의 시간을 가졌다.

2005년도 1학기 대학교회에서 선발하는 장학생은 모두 10명이었다. 대학교회에서는 모두 5백만 원의 장학금을 제공하였고, 대학교회 성기준 교우가 2백만 원을 장학금으로 기탁하였고, 한 학생은 특별장학금으로 240만 원을 주기로 하여, 2005년도 1학기 대학교회의 장학금 총액은 960만 원의 장학금을 지급하였다. 김소형 학생은 운영위원회에서 5백만 원을 학자금으로 지원하고 졸업 후 대학교회에 상환하게 하였고, 김소형 학생은 2005년 2월부터 대학교회 집사직인 김광민 교우의 역할을 대신하게 하기로 하였다.

운영위원회에서는 2005년 3월부터 교회의 살림살이의 규모를 적절하게 유지하기 위해서 지난 결산액과 각 부서의 운영 결과를 기준으로 예산을 편성하기로 하였다. 교회의 예산을 예측 가능하고 합리적으로 운영하여 적재적소에 필요한 예산을 배정하기 위한 교회의 조치였다. 그리고 2005년부터 정보통신비 항목을 예산에 추가하기로 하였다.

2005년부터 교회 봉사를 각 가정 순서를 정하여 교회 봉사를 맡기로 하였다. 지난 수년간 대학교회 예배 때 특별 찬송을 가정별로 돌아가며 한 적이 있는데, 그 결과가 고무적이어서 이번에 교회 봉사를 가정별로 정하게 되었던 것이다. 이를 실천하기 위해 가정과 교우들을 몇 그룹으로 묶고 그 그룹의 사귐과 봉사를 함께 하여 영적 결속을 강화하기로 하였다.

교회에서는 2005년 교회에 소속된 의학과 6학년 학생들에게 감사패를 만들어 전달하기로 하였다. 이들은 지난 재학 기간 중에 성가대와 교회학교 교사로 봉사 활동을 한 이들로 그들의 봉사와 섬김에 대한 감사패를 제작하여 전달하였다. 그리고 그 외에 교회에 적을 두고 출석한 학생들에게는 졸업을 기념하여 선문을 제공하기로 하였다. 1월 16일 졸업생 헌신예배를 드렸다. 박정진 목사는 전도서 11장 1-2절을 본문으로 '삶의 지혜'라는 제목으로 설교하였다.

이날 6년간의 의과대학 생활을 마치고, 특히 대학교회에서 봉사하며 신앙 안에서 학업과 봉사를 병진했던 이들은 이렇게 그 감사의 말씀을 남겼다.

그 동안 저희를 아껴주시고 조은 모범을 보여주신 여러 성도
님들 감사합니다.
의과대학의 낯설음과 분주함 가운데 주일이면 마음은 어디에

두어야할지, 또 예배는 어디서 드려야할지 막막했던 새내기 시절이 떠오릅니다. 그런 저희에게 대학교회는 쉼이 되어 주었고, 특별히 박정진 목사님께서 오신 이후로 말씀의 위로와 도전을 깊이 받았던 것을 기억합니다. 그 시간들을 통해 저희는 신앙에 대한 통찰을 배울 수 있었습니다. 함박눈이 오던 2학년 성탄절 새벽송, 촛불이 켜진 십자가 식탁, 긴 장마 후 맑은 날이 더 돋보였던 정전이 된 예배당, 시험이면 많은 사람들로 가득해서 더 기뻤던 주일, 단풍놀이로 들뜨던 가을 밥상공동체 식구들과의 어버이 주일, NG가 매력적이었던 아이들의 연극, 때 마다 공연들을 구경와 주시던 성도님들….

어느 곳에 있든지 이곳에서 경험한 좋은 추억과 사랑을 기억하며 행함과 진실함으로 사랑하는 사람들이 되겠습니다. 우리를 이곳으로 보내시고 이렇게 자라게 해주신 하나님께 모든 영광을 드립니다.

— 6학년 졸업생 일동 —

2005년 1월 16일 제22권 3호 주보의 전면에는 그날 졸업생 헌신 예배를 드리고 함께 진을 찍은 교우와 학생들의 모습이 아름답게 남아 있다.

1월 23일 교회는 뉴스를 통해 보도된 남아시아 대지진을 접하고 이에 대해 긴급하게 구호금을 보내기로 하였다. 2005년 대지진이 아시아 여러 나라들을 강타하였다. 태국, 인도네시아, 스리랑카, 인도, 몰디브, 말레이시아 등이 지진과 해일로 엄청난 규모의 타격을 입었다. 이에 교회에서는 긴급하게 28만원을 모아 기아대책을 통해 전달하였다.

2월 22일 화요일 저녁 6시부터는 제3회 '기독교대학으로서 원주 캠퍼스 만들기 모임'이 개최되었다. 매지캠퍼스에서 열린 이 강연을 위해 대학교회에서는 20만 원을 지원하여 기독 학생들의 학내 활동을 후원하였다. 3월 7일에는 루가홀에서 기독인 새내기 나눔터가 진행되었다. 교우들과 교목실의 후원 속에 새내기들을 신앙으로 이끄는데 노력하였다.

3월 14일부터 24일까지 최경훈 단장을 중심으로 제12차 해외 의료 선교단의 봉사활동이 있었다. 이번 의료봉사에는 총 24명의 자원 봉사자들이 참여하였다. 장소는 방글라데시였고, 대학교회는 이미 소중한 전통이 된 이 해외선교를 위해 기도와 후원을 아끼지 않았다. 선교단은 3월 11일 금요일 오전 루가홀에서 파송예배를 드리고, 3월 14일 11일간의 의료 선교를 수행하였다.

2005년도 대학교회 운영위원회가 구성되었다. 총 9개 부서로 조직은 확대되었고, 운영위원회를 통한 교우들의 활동도 크게 증가하였고, 운영위원회에서는 함께 동역 할 수 있는 교우들의 운영위원회 참가를 독려하기로 하였다. 대학의 교무부학장인 홍인수 교우의 운영위원회 참여를 권고하기로 하였다.

예 배 부   부장 용석중 / 차장 한경희

재 정 부	부장 조경집 / 회계 김춘희, 최선주(통장관리)
선 교 부	부장 김형중 / 차장 김종욱
친 교 부	부장 김상하 / 차장 안성현
교 육 부	부장 정순희 / 교회학교 교장 정우선
여신도회	회장 이인규 / 총무 박동숙
봉 사 부	부장 남궁미경 / 차장 권우철, (정상호)
정 보 부	부장 황금 / 차장 최한주

2005년 4월 현재 교회의 재정 상황은 일반헌금 잔액이 18,557,225원이었고, 건축헌금은 잔액이 총 9,000,000원과 5,180,000원을 합하여 14,180,000원이었다. 재정은 기독병원 신용협동조합에서 예금으로 관리 중에 있었고, 교회에서는 일반헌금 잔액이 예상보다 많이 남아 이를 교회 건축헌금으로 전환하기로 하였다.

4월 25일부터 26일까지 원주의과대학 루가홀에서 매일 저녁 5시 30분부터 7시까지 교목실 주관 신앙강화주간 행사가 있었다. 강사는 한신대학교 김경재 목사였고 주제는 '신앙과 치유'라는 제하에 '네 믿음이 너를 낫게 했다'(마가복음 5장 34절), '여성, 영성 그리고 치유'(누가복음 8장 40-48절), '사랑, 자유 그리고 평화'(요한복음 14장 20-21절)의 세 강좌가 진행되었다. 과잉 경쟁에 시달리는 현대인에게 영성을 통한 치유란 무엇인가 모색하는 계기를 마련하는 강좌였다. 대학교회에서는 이 강좌에 교우들이 참석하여 강의를 청

매지봄소풍

취하였고, 성가대와 찬양 팀이 강연 행사 중 찬양으로 예배 섬김의
본을 보여주었다.

2005년 5월 1일에는 밥상공동체 가족들을 대학교회로 초청하
여 함께 예배를 드리고 공도식사를 하는 나눔의 시간을 가졌다. 이
날 밥상공동체의 대표 허기복 목사는, 사도행전 18장 8절을 본문으
로 '온 집으로 더불어'라는 설교를 통해 사도행전의 성령의 공동체
에 대한 설교를 하였다. 대학교회의 지역공동체와 교제 및 협력이
더욱 깊어지고 있었다.

5월 8일 어버이 주일에는 방글라데시에서 사역하는 장순호 선
교사가 대학교회를 방문하였다. 장순호 선교사는 한국 방문 도중
대학교회와 연락이 닿아 교회를 방문하였고, 교회에서는 이날 장
순호 선교사를 초청하여 설교 청취하였다. 장순호 선교사는 에베

소서 6장 1-3절을 본문으로 '네 부모를 순종하라'는 제목의 설교를 하였다.

5월 22일에는 전교우 야외예배를 드렸는데 장소는 푸른초장 솔 치마을 솔치펜션이었고, 여름행사 관계로 광고가 미비하여 학생들의 참여를 독려하여 모두 성인 39명 어린이 14명이 참가하였다. 다과와 간식은 박동숙 권사가 주축이 되어 교회에서 준비하였고, 5월 말 아름다운 신록 속에서 경건과 사귐의 시간을 보냈다. 오전 10시 교회를 출발하여 도착 후 예배를 드리고 공동식사를 가진 후, 산책과 낚시 운동 및 자유 시간을 보내고 귀가하였다. 이날 박정진 목사는 마태복음 5장 13-16절을 본문으로 '소금과 빛'이라는 제목으로 설교하였다.

대학교회에서는 2005년도 2학기 장학생을 선발하였다. 조유나 외 10명을 선발하여 총 11명의 학생들이 총 940만원의 장학금 수혜를 받았다. 그 외에도 대학교회에서는 학내 선교 단체들에 대한 후원을 지속하는 한편 단체들의 재정 상황을 파악하고 지원책을 다변화하기로 결정하였다.

2005년도 대학교회 여름행사는 8월 6일부터 이틀간 어린이 성경학교가 강원도 영월에서 개최되었다. 그리고 전교우 여름 수련회는 2005년 8월 13일과 14일 양일간에 걸쳐 강원도 속초 솔향기 펜션에서 진행되었다. 이번 수련회에는 청장년 24명과 교회학교 어린이 10명이 참가하여 모두 34명이 참가하였다. 13일 토요일 오전 교회를 출발하여 속초에 도착한 후 함께 수련회를 여는 예배를 드리고, 물놀이와 사귐의 시간을 갖고 저녁에는 공동체를 다지는 대화의 시간을 가졌다. 다음 날 오전 주일예배를 드리고 대관령 목장을 방문하고 교회로 돌아와 모든 순서를 마쳤다.

2005년 가을에는 교회의 예배 사역을 강화하기 위하여 교사를 수 주간에 걸쳐 새로 모집하였고, 9월 11일에 교사들 전체를 위한 워크숍을 진행하였다. 아울러 예배를 위한 찬양팀과 성가대를 구성하기 위해 새로운 단원을 모집하여 노래로서 예배에 영감을 불어넣기로 하였다.

2005년 가을을 맞아 대학교회는 야외예배를 실시하였다. 10월 23일 강원도 신림면에 소재한 예찬의 집에서 야외예배를 드렸다. 깊어가는 가을 아름다운 가을 숲에서 그리스도 안에서 참된 안식의 의미를 되새기는 예배를 드렸다. 허정섭 목사는 출애굽기 31장 12-17절을 본문으로 '안식일'이라는 제목으로 설교하였다. 교우들은 자연 속에서 안식과 평안을 하나님 안에서 누리는 영성의 의미를 다시금 돌아보는 기회를 가졌다.

11월 20일은 추수감사절이었다. 대학교회는 이 감사절을 맞이하여 성만찬과 세례식을 베풀었다. 박정진 목사는 데살로니가 전서 5장 16-18절을 본문으로 '모든 일에 감사하십시오'라는 설교를 하였다. 그리고 2005년 가을, 새 신자를 위한 세례예식을 진행하였다. 유아 세례는 전수안 어린이가 성인 세례는 김지민, 김현, 전경숙, 조경은 교우가 세례를 받고 새로운 영적 생활에 헌신하기로 다짐하였다. 예배 후에는 온 교우들이 함께 모여 세례 받은 이들을 축하하고 교제를 나누는 시간을 가졌다.

대학교회에서는 다가오는 2008년 원주의과대학 개교 30주년을 기념하여 대학교회가 예배 처소로 사용하고 있는 루가홀을 증축 개축하여 다용도로 사용할 수 있게끔 '대학교회 건축' 계획을 수립하였고 준비위원회를 구성하여 계획을 진행 중에 있었다.

12월이 되어 한 해를 마감하는 시기를 맞이하여 대학교회에서는 12월 24일 토요일에 루가홀에서 교회학교 어린이와 교사 그리고 학부모들이 모여 함께 모임을 갖고 사귐과 교회교육에 대한 간담을 나누어 교회학교 교육 및 활성에 대한 관심을 공유하였다. 그리고 다음 날인 성탄절에는 밥상공동체 가족들을 교회로 초청하여 더불어 예배를 드리며 공동식사를 나누는 시간을 가졌다. 공동식사를 위해 교회에서는 이인규, 박동숙 집사를 주축으로 여신도회에서 자원봉사를 하여 사귐의 자리를 위해 헌신하였다.

교회에서는 초청된 밥상공동체 가족들에게 정성껏 마련한 선물을 증정하였다. 초청된 밥상공동체의 대표 허기복 목사는 마태복음 2장 1-12절을 본문으로 '성탄과 베들레헴'이라는 설교를 하여, 예수 그리스도의 성탄이 작고 작은 베들레헴이라는 마을에서 이루어진 것의 의미를 되새기면서 작은 것을 통해 역사하시는 하나님의 섭리를 되새겨 주었다. 그리고 성탄을 맞아 김진명 학부모가 대학교회에 꼭 필요했던 기구인 빔 프로젝터와 포터블 스크린을 헌물하여 교회 교육과 예배에 유용하게 쓰이게 되었다.

2005년도의 대학교회 재정 현황은 예산을 1억 원을 책정하였고, 2005년 3월부터 2006년 2월까지 회계 연도 총 수입은 109,861,149원이었다. 대략 1억 1천만 원의 수입을 같은 회계 기간 동안 105,256,846원을 지출하였다. 규모가 큰 비출 항목은 선교비 및 선교 후원금이 3천2백만 원과 1천 6백만 원으로 비중이 가장 높았고, 다음 교육비가 3천 5백만 원, 장학금 3천 2백만 원을 각각 지출하여 대학교회가 설립 초기부터 지켜온 선교와 교육에서 사역 비중이 여전히 높게 나타나고 있었다.

2. 임걸 목사의 부임과 교회 목회 행정과 목회 리더십의 강화

1) 2006년 대학교회의 발전 방향

연세대학교 원주의과대학교회의 특징은 의과대학에 소속이 되어 학교 소속 교목을 담임목사로 파송 받아 함께 신앙생활을 한다는 점이다. 이점이 지역 교회와 근본적으로 다른 점으로 대학교회 담임 목회자를 교우들이 청빙하는 것이 아니라는 것이다. 이 점은 대학교회에 파송된 목회자가 연세대학교 교목으로서 신앙과 경건, 학문적 깊이, 정통성에서 최고 수준의 경력을 보유한 목회자를 파송 받아 동역하게 된다는 점에서 긍정적 요소로 작용한다.

그러나 동일한 요소가 목회자의 임기 및 사역의 연속성 등에서 어려움을 야기할 수도 있다. 대학교회 담임 목회자가 교우들과 장기적 계획을 수립하여 교회 발전과 목회 계획을 수립하기 어렵고, 교우들을 담임 목회자로서 돌보는 데에도 시간적 제약이 따를 수 있기 때문이다. 그럼에도 불구하고 대학교회는 교목실에서 파송한 목회자들과 조화를 이루어 한정된 시간과 한정된 자원을 활용하여 교회로서 사명을 수행하여 왔던 것이다.

2000년에 대학교회에 부임하여 2005년까지 대학교회 담임 목사로서 사역을 수행하였던 박정진 목사는 2006년도에 대학교회에서의 임기를 마치게 된다. 그리고 그 뒤를 이어 대학교회 담임 목사로 파송 받아 임걸 목사가 임기를 시작하게 되었다. 박정진 목사는 2006년 연세대학교 원주캠퍼스 교목실장으로 발령을 받아 대학교회에서 이임하였다. 2006년 1월 26일 주일예배에 박정진 목사는 지난 6년간 사역하던 대학교회에서 담임 목사로서 마지막 고별 설교를 하였다.

본문은 사무엘 상 16장 1-13절이었고 설교 제목은 '하나님의 판단'이라는 제하에 고별 설교를 하였다. 이 본문은 사울이 키가 크고 장대하나 하나님으로부터 버림을 받았고, 다윗은 용모가 작은 소년이나 하나님의 선택을 받았음을 알려주는 본문이었다. 하나님의 선택은 외모에 있지 않고 중심을 보신다는 널리 알려진 이야기로 이 세계에서 일어나는 모든 일이 하나님의 선택의 결과임을 보여주는 이야기였다.

그로부터 2주 후인 2006년 2월 12일 임걸 목사가 대학교회 담임 목사로 부임하였다. 임걸 목사는 그날 첫 설교에서 이사야 43장

18-19절을 본문으로 '보라, 내가 새 일을 행하리라'라는 제목으로 설교를 하였다. 이전 일을 기억하지 말고 하나님이 행하시는 새 일을 보라는 내용의 본문이었다.

임걸 목사는 이 설교를 통해 대학교회의 비전을 새롭게 제시하였다. 이스라엘의 하나님이 과거 출애굽의 구원을 넘어서 새로운 구원의 역사를 시작하신다는 본문을 가지고 이제 대학교회에서도 하나님의 새로운 인도, 새로운 경험, 그리고 새로운 사명의 도구로 사용될 것이란 신앙적 비전을 제시하였다.

임걸 목사는 부임하여 대학교회의 행정과 기록의 체계화를 시작하였다. 이미 박정진 목사의 목회시기에 교회의 제직과 사역 등 교회의 전반적인 목회 시스템을 구축하였었다. 임걸 목사는 이러한 박정진 목사의 지난 6년간의 대학교회의 축적된 역량에 행정의 치밀한 구축과 그것을 문서로 남겨 교회의 구조적 토대를 굳건하게 만들기 시작하였다.

대학교회 초창기에는 예배 공동체로서 교우들을 모으고 교회의 초석을 놓았고, 박정세 목사의 이임 이후에는 교회가 시련기를 맞아 긴 시간 동안 어려움을 겪었다. 그러던 중, 박정진 목사가 부임하며 교회는 빠르게 안정을 되찾고 활기차게 선교와 사역을 수행하며 교회의 제직과 운영위원회를 구성하였던 것이다.

박정진 목사 시기에는 교회의 공식 문서는 매주 발간되는 주보와 운영위원회의록을 기록하여 대학교회의 실태를 문서로 남겼다. 2006년부터 임걸 목사가 부임한 후에는 기존의 주보와 운영위원회 회의록 외에 목회보고서를 발간하여 교회의 활동과 목회에 관한 기록을 촘촘하게 남겨 대학교회의 목회와 운영이 더욱 체계화 되었을 뿐 아니라 그 기록이 잘 보존되었다.

2006년 2월 24일부터 이틀간에 걸쳐 대학교회 교사 워크숍이 진행되었다. 그리고 3월 12일 새 봄을 시작하는 교회학교에서는 헌신예배를 드렸다. 교사로서 어린이들을 돌보고 복음으로 양육하여 하나님 나라의 소망을 일구기 위한 헌신의 시간이었다. 참석한 교사들은 교회학교 부장 정순희, 교장 정우선, 교사 김얼, 임주신, 홍한나, 김덕기, 김기현, 이은우, 하은주, 김영현 선생님이 올해 교사로서 헌신예배를 드렸다.

2006년 3월부터 임걸 목사의 대학교회 목회의 새로운 방향이 수립되었다. 임걸 목사는 부교역자로 양은정 준목과 신용구 전도사를 청빙하여 동역자로 세웠다. 신용구 전도사는 연세대학교연합신학대학원에서 선교학을 전공하고 있었고, 양은정 준목은 한신대학교 대학원에서 기독교교육을 전공하였다.

대학교회는 교회의 2006년 표어를 정하여 구체적 목회 목표를 수립하였다. 표어는 '그리스도 안에서 변화된 영혼, 교회 그리고 대학'이었다. 그리고 그해 채택된 성구는 이사야 43장 18절로 '너희는 지나간 일을 기억하지 말며, 예 일을 생각하지 말아라. 내가 새 일을 하려고 한다'였다. 그리고 이를 실행하기 위한 구체적 목회 비전을 세 가지로 제시하였다.

1. 대학과 병원의 구성원들을 믿음의 사람들로 양육하는 교회

2. 의과대학과 대학병원을 믿음의 대학과 병원으로 세우는 교회

3. 지역사회와 세계를 믿음의 사회와 세계로 선교하는 교회

이러한 비전을 통해 원주의과대학 대학교회를 '대학의 교회, 원주의 교회, 세계의 교회로' 키워나가며 '원주에서 가장 영향력이 큰 3대 교회 중에 하나로 세워나갈 것을 최종적 목표로 수립하였다.

이때 발간한 목회보고서에서 대학교회의 연원을 1981년 4월 박정세 목사의 '금요대학생 교회 모임'이 그 시작이었다고 규정하고 있다. 2006년도 대학교회의 예배 출석 평균 인원은 80여명 정도였고, 예산은 1억 3백만 원의 수입을 예상하고, 지출은 9천 5백 8십만 원 정도를 기획하고 있었다.

임걸 목사는 대학교회의 정체성을 사귐의 공동체, 특히 '함께'하는 공동체로 보고 초대 교회의 사도행전 공동체로부터 그 영감을 얻으려 하였다. 교회는 함께 세례를 받고, 함께 사도들의 가르침을 듣고, 함께 사귀고, 함께 음식을 먹으며 나누고, 함께 기도하고 예배하며 함께 선교하는 공동체로 그 정체성을 규정하였다. 이를 위하여 대학교회의 소명 헌장을 구성하였다. 그중 첫 번째는 의과대학 학생들과 교직원들에게 그리스도를 전파하는 것이었다. 대학교회는 이 사명을 초기부터 인식하고 일관되게 그 사명을 수행하여 왔다.

1. 하나님이 연세대학교 원주의과대학에 주신 가장 중요한 소

명은 재학 중인 학생과 교직원에게 '예수를 전하는 것'입니다. 대학교회의 중요한 소명은, 예수를 전할 뿐 아니라, 대학교회 구성원들을 신앙적으로 훈련시킵니다. 대학교회는 기도와 찬양과 말씀, 그리고 전도와 봉사로 교회 구성원들을 훈련시켜 미래의 한국 사회와 세계를 살리는 믿음의 큰 사람을 양육할 것입니다.

2. 대학교회는 연세대학교 원주의과대학과 병원을 이 원주 땅에 세운 복음의 정신에 따라, 대학과 병원에서 추구하는 모든 비전과 목표, 그리고 결정과 행정이 하나님의 뜻에 맞는 기관이 되도록 이끌 것입니다. 대학교회는 대학과 병원 구성원들에게 그리스도께서 가르쳐 주신 섬김의 모범을 보임으로써, 대학과 병원의 모든 구성원들이 항상 하나님의 뜻을 묻고 따르는 믿음의 대학과 병원으로 나아갈 수 있도록 돕겠습니다.

3. 연세대학교 원주의과대학 대학교회에 하나님께서 주신 소명은 우리 대학과 병원에 한정되지 않고, 작게는 지역 사회인 강원도와 한국 사회를, 넓게는 세계를 그리스도의 정의로운 복음과 실천적 사랑으로 섬기겠습니다. 따라서 대학교회는 지역 사회와 세계에 사랑과 정의의 하나님 나라가 이루어질 때까지 선교하고 봉사할 것입니다.

이 소명 선언은 지난 20여 년간 대학교회가 걸어 온 길을 되돌아보고 그 가운데서 대학교회의 소명을 요약하여 짚어낸 대학교회의 핵심적 존재 가치였다. 원주의과대학 학생들을 기독의료인으로 양성하는 것, 원주기독병원이 그리스도의 정신으로 의료 행위를 하고 섬기는 것 그리고 지역과 세계를 섬기는 이 세 가지 정신은 원주의과대학 대학교회가 실행하여 온 그리고 실천하여 갈 지표를 명시적으로 보여주었다.

이 소명을 감당하기 위하여 다섯 부분에 걸친 실천 방안을 확정하였다. 우선 신자들을 영적으로 양육하기 위한 방안을 우선적으로 마련하였다. 사도행전의 초대 공동체처럼 사도들의 가르침을 듣고 실천하는 것을 첫 번째 실천 방안으로 제시하였다. 그중에서도 초등부와 중등부 교회학교의 교육과 양육 시스템을 강화하기로 하였고, 교회에 새로 출석하는 이들을 위한 새 신자 양육 프로그램을 운영하기로 하였다. 그 이름을 새신자반과 기초 신앙반으로 명명하고 이를 시행하기로 하였다. 그리고 교우들의 체계적인 성경 공부를 위해서 수요베델성서대학을 운영하기로 하였고, 성서를 통독하기 위한 성서 통독반을 개설하기로 하였다. 아울러 대학교회 예배에 초청하는 외부 강사들 중에 신학적 훈련이 잘되어 있는 지성적 목회자를 초청하여 설교와 강연을 듣기로 하였다.

그리고 영성 강화를 위하여 가장 핵심적인 것을 예배와 기도 생활에 두고 먼저 주일예배를 지키며 기도회를 활성화하기로 하였다. 우선 대학교회 월별 기도회를 만들어 운영하고 새벽기도회를 시작하기로 하였다. 새벽기도회는 한국교회의 경건의 중요한 전통 중에 하나로 대학교회에서 이를 도입하기로 한 획기적인 결정이었다. 그리고 또 한국교회의 중요한 전통인 부흥회를 여름과 겨울 두 차례에 걸쳐 시행하여 영적 부흥을 도모하기로 하였다.

셋째는 사귐의 공동체로서 교회의 활성화를 위해서 기존에 시행하던 야외예배 외에도 심방예배와 구역예배를 신설하여 소모임을 강화하고 친교의 모임을 더욱 활성화하기로 하였다. 그리고 대학부에 학년별 동아리를 조직하고 여신도부와 남신도부의 조직을 강화하고 모임의 숫자를 늘려 나가기로 하였다.

넷째는 돌봄과 나눔의 구조와 프로그램을 운영하기로 하였다. 교회의 돌봄 운영 주체는 가장 먼저 대학교회와 교목실이 그 중심이 되어야 한다고 보았다. 그리고 예배를 돌보기 위해서 대학교회 성가대의 조직이 활성화되고 예배 돌봄이 이루어져야 한다고 보았다. 다음은 대학교회 운영위원회로서 대학교회를 운영하며 지역 사회와 원주 지역의 사회복지 단체를 돌보는 직무를 수행하기로 하였다.

돌봄의 대상과 프로그램은 먼저 대학교회가 운영하는 장학회를 활성화하기로 하였다. 2006년 현재 10여명 선인 대학교회 장학생을 증가 계획을 통해 100여명 선으로 늘여나가기로 하였다. 그리고 지역 사회 섬기기 활성화 방안으로는 밥상공동체와 원주장애인복지관 등 단체를 현재 재정적 지원을 계속하여 나가되 장기적으로는 교회에서 직접 참여하고 봉사하는 단계에 이르도록 계속하여 나가기로 하였다.

또한 전 세계적으로 사회적 위험의 증가와 이상 기후로 인해 재난이 발생할 경우 해외 재난 구역을 도울 수 있는 역량을 강화하여 나가기로 하였다. 그러나 우선 원주 지역 사회를 우선적으로 섬기고 돌보기 위해서 지역 사회 진급 의료 봉사팀을 구성하여 운영하여 나가는 것으로부터 그 기초를 쌓기로 하였다. 이러한 여러 봉사 활동을 기획하고 후원하기 위해서 장학위원회, 사회봉사위원회 등 위원회를 구성하여 활동을 구체화하기로 하였다.

다섯째는 전도와 선교 프로그램의 활성화였다. 대학교회를 방문하는 새 신자를 위한 환영 식사 모임을 만들어, 새 신자의 정착을 도와 교회 정착을 높이고 전도를 활성화하기로 하였다. 대학교회의 주력 사업이었던 해외 의료 선교 지원 사업도 강화하여 나가기로 하였다. 교내 전도를 활성화하기 위해서 학생, 교직원 전도에 관심

성가대_용석중 성가대장, 정세현 지휘자, 홍지혜 반주자

을 갖고 나가기로 하였다. 특히 신입생 환영 예배를 지원하고 신입 교직원 환영 예배를 만들어 나가기로 하였다.

박정진 목사와 허정섭 목사의 이임 후 임걸 목사의 부임과 함께 양은정 준목과 신용구 전도사가 부교역자로 합류하여 사역자의 팀 웍을 구성하였고 교회의 각부 조직들도 2006년 새롭게 정비되었다. 운영위원 조직은 다음과 같았다.

예배부	부장 용석중 / 차장 한경희 김진
교육부	부장 정순희 / 차장 정우선
재정부	부장 조경집 / 차장 최선주
친교부	부장 김상하 / 차장 안성현
봉사부	부장 박동숙 / 차장 민선녀
여신도	회장 김춘희 / 총무 남궁미경 / 고문 이인규
청년부	부장 김기경(간호학과) 권우철(의학과)
정보부	부장 황금 / 차장 정요섭

교육부 조직은 어린이부와 중등부로 나누어 조직을 구성하였다.

교 육 부 장	정순희 교수

〈어린이 부서〉

교 육 담 당	양은정 준목

초등부 담당	정우선 교사
총 무	김얼 교사
회 계	홍한나 교사
봉 사	김기현, 임주신 교사
반 주	이은우, 홍한나 교사
유치부 교사	김기현, 최진희, 문수진, 전유정
유년부 교사	이은우, 정우선, 임주신, 김얼
초등부 교사	홍한나, 김보연

〈중등부서〉

교육담당	신용구 전도사
교 사	김덕기, 하은주, 김연주, 김지민

〈대학교회 찬양단〉

팀 장	김민영
리 더	김동옥
단 원	김미현, 김주회, 심아라, 유인선, 이주희, 허승희, 김상하

〈대학교회 성가대〉

성가대장	용석중
지 휘 자	정세현

반 주 자	홍지혜
소프라노	정지수, 우명진, 조유나, 김미현, 이주희, 강영현
알　토	정순희, 이루지, 심아라, 이태경, 김보람, 허승희, 심은주, 김안나
테　너	김 진, 김상하, 정요셉, 김주희, 이해진, 김동진, 차정준
베 이 스	용석중, 강윤철, 윤상진, 최한주, 김민영, 공성찬
친　교	김상하
안　내	김소형

이렇게 교회의 조직을 정비한 대학교회는 예배와 모임을 정하여 이를 시행하기로 하였다.

주 일 예 배	주일 오전 11시 루가홀
어린이 예배	주일 오전 10시 의학관 기도실
청소년 예배	주일 오전 10시 의학관 세미나실
성경공부반	■ 베델성서대학 - 수요일 6시 30분 대학교회 사무실
	■ 새 신자 교육반 - 주일 오후 1시 30분 대학교회사무실
	■ 기초 신앙반 - 주일 오후 1시 30분 의학관 기도실
새벽기도회	월-금 오전 5시 의학관 기도실
오후기도회	월-금 오후 5시 30분 의학관 기도실
구 역 예 배	매달 둘째 목요일 오후 7시 30분

매월기도회　매달 셋째주 금요일 7시 복민 교육원

운영위원회　매달 셋째주 주일예배 후 의학관 세미나실

　대학교회에서는 교역자들의 새로운 부임과 함께 대학교회의 전통 위에 비전을 새롭게 세우고 나가기 위해, 3월 24일 강원도 신림면에 소재한 명성 수양관에서 '운영위원들과 함께 하는 기도회'를 실시하였다.

　이러한 대학교회의 노력으로 교회 예배 출석 인원도 점차 늘어나기 시작하였다. 3월 12일 예배에는 93명 출석과 어린이 11명이 주일학교에 출석하였고, 3월 19일에는 주일예배 117명 교회학교 11명으로 교회 활성화를 위한 교회의 노력이 점차 그 효과를 발하기 시작하였다.

　대학교회의 프로그램들이 점차 다양해진 것도 뚜렷해졌다. 2006년도 사순절을 맞이하여 대학교회에서 전통적으로 해 오던 대로 매일 정해진 성서를 읽어나가며, 예수 그리스도의 고난을 묵상하는 시간을 갖게 되었다. 그리고 여기에 '쉼과 기도 모임'이라는 운영위원 중심의 기도회를 열었다. 이번 기도회는 4월 21일 금요일 저녁을 빌어 복민교육원에서 모임을 가졌다.

　이 기도회는 저녁 금식을 하며 진행하였다. 먼저 도착한 후에 30분간 산책을 하며 마음을 정돈하고, 1시간 30분 동안 시편을 통독하고, 다음 한 시간 10분 동안 개인 기도의 시간을 가졌다. 그리고 30분간 모여 예배를 드리고 전체 합심 기도회로 모든 모임을 마쳤

다. 개인의 신앙생활에도 교회를 섬기는 데에도 기도는 절실하게 요청되는 것이었고, 이 기도 모임은 그러한 기도의 훈련장으로 교우들의 영적 각성과 능력을 함양하게 하였다.

4월 16일 부활주일에는 세례식이 있었다. 유아세례는 최병찬 어린이가 성인세례는 김보연, 박하얀 성도가 세례를 받았다. 2006년도 봄부터는 교회에서 새 신자를 환영하고 교제를 나누는데 노력을 기울였다. 매월 지정된 주일에 그달의 새 신자들을 초청하여 교제를 하고 식사를 하였으며, 준비된 새신자성경공부반으로 인도하여 신앙 교육에 만전을 기하였다. 이러한 노력 덕분에 대학교회는 매달 4-5명의 신자들이 정착을 하며 점차적으로 성장하는 모습을 보였다.

5월 21일 전교우 야외예배가 있었다. 장소는 푸른초장 솔치파크였다. 오전에 모여 삼삼오오 출발하여 솔치파크에 모여 푸르른 오월의 녹음 속에서 먼저 예배를 드렸다. 양은정 준목의 사회로 임걸 목사는 창세기 1장 1-2절을 본문으로 '태초에 하나님이 하늘과 땅을 창조하셨다'라는 제목으로 설교하였다. 예배 후에는 공동 식사를 하고 레크리에션 시간을 가진 후 오월의 오후의 자유 시간을 가졌다. 산책과 낚시 그리고 가벼운 운동을 즐기고 귀가하였다.

교회의 양육 강화 방침에 따라 베델성서대학, 새신자교육반 그리고 기초신앙반을 운영하였다. 베델성서대학과 기초신앙반은 양은정 준목이 맡고, 새신자교육반은 신용구 전도사가 맡아 교육을 진행하였다. 베델성서대학은 수요일 오후 6시 30분에 대학교회 사무실에서 진행하기로 하였고, 새신자교육반은 주일 예배 후 교회 사무실에서 진행하며 교재는 '유일한 구원자 예수 그리스도'로 정하였다.

기초신앙반은 주일 예배 후 1시 30분에 모이고, 교재로 '그리스도 안에서 새 삶을'을 사용하였다. 기초신앙반은 교회에서 신앙생활을 처음 시작하는 이들을 위해 교회에서 마련하였고, 2006월 현재 김지혜, 문수진, 전유정, 김지민, 김연주, 김현, 김보연 교우가 참여하고 있었다. 그중 김지민 교우는 교회에서 신앙생활을 시작한 지 얼마 되지 않았지만 여러 명을 전도하여 전도의 은사를 보여 주었고, 전도왕이라는 이름을 갖게 되기도 하였다.

베델성서대학은 매주 수요일 6시 30분 대학교회 사무실에서 가졌다. 과정은 원래 성서편, 생활편, 구원편, 신앙편, 예배편의 5단계가 있었고 대학교회에서는 1단계 성서편을 개강하였다. 베델성서대학은 학습하는 동안 이사도, 결석도, 죽을 수도, 아이도 낳지 않고 성서 공부만 한다는 철저한 원칙 하에 성서에 집중하며 하나님의 인도하심을 확인하는 성경공부이다. 매주 수요일 한 시간 반씩 진행한 이 성경공부는 대학교회 교우들의 제자화를 위한 초석이 되었다. 제1 강의에는 김상하, 김종욱, 박유미, 우명진, 이강연, 정요셉, 정우선, 최선주, 홍지혜, 홍한나, 이한철 교우가 참여하였다.

2006년도 대학교회에서 동역하는 선교사 및 선교단체는 7곳이었다. 선교사로는 조경아-박경남 선교사와 이경희-윤호영 선교사를 후원하고 있었고, 기독교 사회복지 기관은 가마골 선교회, 유진

벨, 원주시장애인종합복지관, 원주밥상공동체, 작은집 등이었고, 매월 1백 20만원을 정기적으로 후원하고 있었다. 그리고 그간 지원해 오던 보람교회, 생명교회, 한국기독학생회 원주지부에 대한 지원은 2006년 3월로 종료하기로 하였다.

2006년도 전교우 여름수련회가 강원도 횡성군에 소재한 횡성 허브마을에서 열렸다. 기간은 7월 15-16일 양일간 이었다. 주제는 '참 아름다워라!'라는 주제로 허브 비누 만들기, 자연 속의 명상, 에스더 레어드 영화 감상, 아름다운 우리교회라는 주제로 대학교회의 미래 비전을 나누는 대화의 시간 등 다채로운 시간을 갖고 수련회를 마쳤다. 여는 예배는 전도서 5장 18절을 본문으로 임걸 목사가 '놀자'라는 설교를, 주일예배는 신명기 5장 13-19절을 본문으로 임걸 목사가 '쉬자'라는 설교를 진행하였다. 임걸 목사는 그룹 성경공부를 통해서 스트레스가 만연한 현대 사회에서 그리스도인들이 세상을 이기신 예수 그리스도를 쉼을 통해 만나며, 그 영적 능력으로 새로움 삶을 시작할 기회를 주시는 하나님의 은총을 경험하는 그리스도인들이 될 수 있다고 강연하였다.

8월 18일과 19일 양일간에 걸쳐 교사 및 찬양단 워크숍이 열렸다. 장소는 복민교육원이었다. 교사와 찬양팀 19명이 참가하여 교회학교 운영과 찬양 사역에 관한 토의와 계획을 하였다. 오후 5시 교회에 모여 수양관에 도착 한 후 식사와 예배를 드리고 분과 모임을 가졌다. 찬양단은 김상하 교우의 인도, 어린이 교사는 양은정 목사, 중등부는 신용구 전도사가 각각 인도하여 토론을 하고 사역 계획을 수립하였고, 그 후에 다함께 합심 기도를 드리고 행사를 마쳤다.

8월 28일부터는 대학교회에서 새벽기도회를 시작하였다. 매일 아침 5시부터 30분간 새벽기도회가 열렸고, 인도는 임걸 목사와 신용구 전도사였다. 새벽기도의 주제는 '성경통독과 함께 하는 새벽기도'였다. 그리고 9월 4일부터는 '하루 일과의 마지막을 성경통독과 기도로'라는 주제로 오후 5시부터 30분간 양은정 준목의 인도로 오후기도회를 열었다.

2006년 가을 학기가 개강을 하면서 2학기 교회 장학생을 선발한 장학금을 지급하였다. 모두 16명으로 의학과 13명, 간호학과 2명, 치위생학과 1명으로 모두 16명이었고 지급된 장학금은 모두 13,200,000원이었다. 9월 10일 주일예배가 끝난 후 교우들은 장학생들을 모아 운영위원들이 대표로 큰마당 식당에서 함께 식사를 나누며 학생들을 격려하였다.

2006년 10월 15일에는 강원도 횡성의 횡성 허브꽃동산에서 대학교회 전교우 야외예배가 있었다. 가을의 자연을 만끽하며 허브 농장에서 예배를 드렸다. 임걸 목사는 시편 121편을 본문으로 '내 도움이 어디서 올까'라는 제목으로 설교를 하였다. 예배 중에 대학교회의 부흥을 위해, 각 가정들을 위해, 대학과 병원의 발전과 환우들을 위해, 의과대학 수험생을 위해, 한반도 평화를 위해 기도회를 가졌다.

11월 9일에는 지난 여름 동안 리모델링을 한 루가홀에서 개축기념 신앙부흥회를 열었다. 강사는 우리들 교회의 김양재 목사로,

대학교회 교우들과 의과대학 재학생들이 함께 신앙부흥회에 참석하여 가을 밤 성서 연구 부흥회를 은혜롭게 가졌다.

11월 19일 추수감사절에는 세례식과 성만찬을 진행하였다. 이번 세례식에서는 유아세례 최윤 어린이와 성인세례자 김연주 외 5명이 세례를 받고, 그리스도인으로 거듭나는 삶을 시작하게 되었다.

12월 25일 성탄절에는 '하늘에는 영과 땅에는 평화'라는 주제로 밥상공동체와 함께하는 성탄 축하예배를 드렸다. 루가홀에서 연합예배를 드렸고 원주밥상공동체와 연세대학교원주의과대학교회가 공동으로 드리는 예배였다. 밥상공동체 허기복 목사는 마태복음 2장 9-12절을 본문으로 '우린 무슨 예물로 말구유 앞에 설까?'라는 제목으로 설교하였다. 예배 후에는 대학교회에서 준비한 선물을 밥상공동체에 전달하였고 함께 애찬의 시간을 가졌다.

2) 2007년 대학교회의 사역

2006년에 교회의 행정과 조직의 정비, 그리고 영적 갱신과 헌신을 다짐했던 대학교회는 2007년을 새롭게 맞이하여 표어를 '기도하고 사랑하는 교회'로 정하고 표어 성구로 사도행전 2장 42절의 '그들은 서로 사귀는 일과 함께 음식을 먹는 일과 기도에 힘썼다'로 택하였다. 2007년을 교우들 간의 사귐과 나눔을 통한 사랑의 공동체로 나아가려 하였던 것이다.

1월 7일 새해 첫 주일 예배에는 임걸 목사가 여호수아 1장 1-9

절을 본문으로 '약속: 임마누엘'이라는 제목으로 설교하였다. 한 해의 시작을 하나님이 함께 하시는 임마누엘 신앙으로 살아가기 위한 다짐의 예배였다.

1월 21일에는 방글라데시 찔마리에서 사역하는 장영인 선교사를 초청하여 예배를 드리고 설교를 들었다. 장영인 선교사는 사도행전 10장 1-8절을 본문으로 '방글라데시 선교보고'를 하여 교우들에서 방글라데시에서의 사역과 선교 현황을 알려 대학교회가 후원하는 선교지의 정황을 듣고 선교에 동참하는 마음을 함께 나누었다.

2월 25일에는 의과대학에서 시행하는 제14차 해외의료 선교를 위한 특별헌금 시간을 가졌다. 기간은 3월 3일부터 14일까지였고 선교지는 방글라데시 찔마리 지역에 있는 한국 서교구역이었다. 단원은 강미영, 김얼, 김상하, 김석원, 김성정, 김재영, 문보은, 박화영, 양은정, 윤효정, 이경욱, 정상호, 정세현, 정승미, 정택진, 조강원, 지화영, 한용표, 현재헌, 홍기홍 등이 참여하였다.

2007년 3월 대학교회는 교회의 연간 계획을 수립하고 차질 없이 진행하기 위하여 교회 부서를 새롭게 개편하여 진용을 갖추었다. 각 부서의 역할을 정확하게 규정하고 부서장을 임명하며 그 임기를 2007년 3월부터 2008년 2월까지 명기하여 업무에 혼선이 일어나지 않도록 하였다.

예배부는 부장에 용석중 차장에 김진, 주요 업무는 예배 준비, 안내 및 예배 관련 사항, 각 절기 예배 및 특별예배 기획 및 준비, 강사 접대, 성가대 및 관현악팀 관장, 교우 가정 경조사 파악 및 연락망

구축 등이었다.

교육부는 부장 정순희, 차장 정우선 교우로 임명하였고 어린이 청소년 교회학교 관리, 교사 관리 및 부서 행사를 주관하게 하였다.

청년부는 부장 최한주, 차장 정지수였고, 청년, 대학생 교우의 신앙과 멤버십을 고양하며 신입생 모임 관리 및 청년 프로그램 개발에 중점적 역할을 하게 하였다.

장년부는 명예부장에 이인규, 부장에 남궁미경, 차장에 김춘희 집사를 임명하였다. 역할은 장년 남녀 교우의 신앙과 친교, 격려 및 위로하는 역할과 구역예배를 관리하게 하였다.

친교부에서는 부장에 김상하, 차장에 안성현 교우가 임명되었다. 친교부는 주보에 공시할 교우 소식 관리, 새 신자 관리, 예배 후 친교 시간 진행, 각 절기 및 행사 친교 담당, 찬양팀을 관장하게 하였다.

봄야외_횡성 허브꽃동산

선교부는 부장에 김형중, 차장에 최훈 교우가 임명되었다. 주된 역할은 후원 기관 및 개인의 정보 관리와 연락 담당 업무, 후원 기관과 개인 발굴, 지역사회 선교 및 봉사단원 업무를 담당하게 하였다.

봉사부 부장에는 박동숙, 차장에는 민선녀와 한경희 교우가 임명되었다. 봉사부는 매주 친교 시간 간식 담당, 절기 및 행사 시 필요한 간식 및 선물 준비, 안내팀을 관리하는 역할을 하게 하였다.

재정부 부장에는 조경집, 차장에는 최선주, 남궁미경, 김기경을 임명하였다. 재정부는 대학교회의 예산과 결산 처리와 회계 업무를 맡게 하였다.

인터넷 선교부는 정요셉 교우를 부장으로 임명하여 대학교회 홈 페이지 관리, 각종 행사 영상자료 제작, 사진자료 관리를 맡게 하였다.

2007년 성가대 조직은 대장에 용석중, 지휘자 정세현, 반주 홍지혜가 맡았다. 찬양단은 단장에 김상하, 리더에 김동옥이었고, 교회학교 조직은 양은정 목사가 어린이부서 교육담당으로, 청소년 교육담당은 신용구 전도사가 전반기를 맡다가, 후반에 장익 전도사로 교체되었다. 예배 안내는 성인 안내를 이인규, 김춘희 학생 안내를 구지선, 김란, 신보미, 전유정, 정아름, 하은주 교우가 각각 맡아 봉사하였다.

2007년 3월 11일에는 대학교회에서 장학금을 수여하였다. 대학교회 장학생은 공성찬 외 19명으로 총 20명이 장학금 수혜를 받았다. 기독의료인 양성이라는 목표에 충실해 온 대학교회는 장학 사업을 교회의 중심 사업으로 실천하여 왔다. 장학생들은 예배를 함께 드리고 운영위원회에서 장학생들과 함께 식사를 하며 격려하는 시간을 가졌다.

3월 사순절이 되면서 대학교회는 교우들과 함께 회개, 용서, 성령의 임재를 위한 매일 기도회를 실시하였다. 그리고 부활절에 세례를 받을 세례 예비자를 위한 교육을 실시하였다. 4월 8일 부활절에는 성만찬과 세례식을 가졌다. 임걸 목사는 마태복음 28장 1-8절과 빌립보서 3장 10-12절을 본문으로 '그는 살아 나셨습니다'라는 제목으로 설교하였다. 세례는 구지선, 김미현, 김우정, 박진, 심은주, 양영주, 이강연 교우가 세례를 받고 새로운 신앙의 삶을 받아들였다. 이 말씀 따라 사는 동안 지치지 않고 이 말씀 따라 사는 동안 주의 나라를 이루어지기를 기원하면서 환대와 격려의 시간을 가졌다. 그리고 그 후 전반학기 동안 세례 받은 이들이 신앙 안에서 자라가도록 함께 기도하는 시간을 가졌다.

5월 6일 어린이 주일을 맞이하여 대학교회는 매지리 캠퍼스에서 어린이 야외예배를 드렸다. 대학교회에서는 루가홀에서 예배를 마치고 매지리 캠퍼스로 이동하여 어린이들과 시간을 나누며 격려하는 시간을 가졌다. 그 다음 주인 13일에는 어버이 주일로서 교회에 출석하거나 방문한 어버이들께 카네이션과 작은 선물을 준비하여 전달하여 드렸다. 이날 예배에는 106명이 참석하여 성황을 이루었다.

5월 20일에는 봄맞이 전교우 야외예배가 있었다. 장소는 강원도 횡성의 허브꽃동산이었다. 오전에 교회를 출발하여 꽃동산에 도착하여 예배를 드렸다. 이날 임걸 목사는 신명기 5장 14-15절을 본문으로 '오늘은 거룩한 날'이라는 제목으로 설교하였다. 예배 후에는 공동식사가 있었고, 허브 농장을 견학하고 선물 나누기를 한 후 모든 프로그램을 마치고 귀가하였다. 참석 인원은 63명이었다.

2007년도 6월에 대학교회의 교세는 빠르게 늘어나고 있었다. 교회의 성장을 위한 노력과 지역 봉사 및 교우들의 사귐을 위한 프로그램들이 자리를 잡아가면서 교세가 확장되고 있었다. 5월 27일 115명, 6월 3일 109명, 6월 10일 150명, 6월 17일 125명으로 예배 참석 인원이 점차 증가하는 모습을 보였다.

전교우 수련회를 앞두고 8월 5일 주일예배를 통해 임걸 목사는 고린도전서 9장 24-27절을 가지고 '목표가 분명한 달리기'라는 제목으로 설교하였다. 고린도교회가 여러 파벌로 분열되어 열매를 맺지 못하는 상황에서, 바울은 거룩한 열매를 맺는 길을 제시하였다. 임걸 목사는 대학교회가 발전하고 성도가 성장하려면 교회의 모임에 참석하고 성서를 연구하면 신앙의 기초를 다잡게 되고, 그리고 나서 그리스도인의 진정한 목표인 하나님의 나라를 마음에 새기고 의미로 가득한 삶을 살아가게 된다고 역설하였다.

2007년도 8월 11일과 12일 양일간에 걸쳐서 대학교회 전교우 수련회가 열렸다. 장소는 원주시 신림면에 소재한 복민교육원에서 진행되었다. 올해의 교회의 표어가 '기도하고 사랑하는 교회'였기 때문에 이번 수련회는 대학교회에서 준비한 기도의 영성에 관한 수련회로 준비 되었다. 그래서 수련회 주제를 '기도하자 우리 마음 합하여'로 정하고 모든 순서를 기도에 관하여 프로그램을 짜서 진행하였다.

여는 예배에서는 마태복음 14장 27-30절을 본문으로 양은정 목사가 '기도의 영성'이라는 제목으로 설교하였다. 그리고 저녁 시간 강연에서는 임걸 목사가 '모든 것은 기도에서 시작됩니다'라는 제목으로 특강을 진행하였다. 이 특강은 캘커타의 성녀로 알려진 마더 테레사의 기도와 영성을 소개하는 시간이었다.

임걸 목사는 이 공동 성경연구 시간을 통하여 기도의 방법을 강의하고 질의를 통해 기도 세미나를 진행하였다. 이 강의에서는 여러 형태의 기도가 소개 되었다. 구약과 초대 교부들의 시편 낭송 기도, 예수께서 가르치신 주의기도, 반복 기도, 묵상 기도, 관상 기도, 침묵 기도, 금식 기도를 소개하여 교우들이 자신의 영적 단계와 훈련 상태에 맞추어 기도를 할 수 있게 하였다. 이 세미나를 통하여 교우들은 기도 생활의 중요성을 함께 나누며 기도에 힘쓰는 신앙생활을 할 것을 다짐하였다.

기도! 기도! 아! 그리운 기도!
내 생명이 떠날 때까지 할 수 있는 기도를 주옵소서
기도는 나의 알파요 오메가가 되어지이다.
나의 생은 기도로 시작하여 기도로 마치게 하여 주옵소서.
나 세상 사는 것 곡절 많아

내 지는 십자가 어려워도

내 일생 소원은 늘 기도 하면서

주께 더 나가기 원합니다.

친애하는 부형과 자매들이며

나를 어이 그리 사랑하시나이까

나를 위한 한 때의 기도도 천금이나 만금이나 비길 바 아닌 것을!

수련회 중 주일예배에는 임걸 목사가 누가복음 22장 39-46절을 본문으로 '기도하시는 예수님'이라는 제목으로 설교하였다. 그리고 마지막으로 나눔과 다짐의 시간을 갖고 기도에 익숙한 교우들이 될 것을 다짐하고 헌신하며 귀가하였다.

2007년 9월 2일 2학기 개강을 한 대학교회에 신용구 전도사가 이임하고, 새로 장익 전도사가 부임하였다. 아울러 새신자반, 기초 신앙반, 베델성서대학, 새벽기도회, 오후 기도회 등 교회의 후반기 교육과 영성 프로그램이 시작되었다.

가을 학기를 맞이하여 대학교회에서는 지난 6월부터 신청을 받았던 대학교회 장학생을 선발하고 이들에게 장학금을 수여하고, 9일 주일예배가 끝나고 이들을 초청하여 큰 마당 식당에서 운영위원들과 식사하는 시간을 가졌다. 이날 장학금을 받은 학생은 김기현 학생을 포함하여 모두 20명의 학생들이 혜택을 입었다.

9월 23일 추석을 맞이하여 교회에서는 명절 기간 동안 가정에서 예배를 드릴 수 있도록 가정 예배서를 만들어 배부하였다. 그리고 한가위에 귀가하지 못하는 학생들을 위해 의과대학 학장이 제공하여 교회에서 나누어주는 떡을 만들었다. 예배가 끝난 후 학생들에게 이 떡을 나누어 주어 학생들의 외로움을 달래 주었다.

대학교회는 10월 14일에는 전교우 가을 야유회를 가졌다. 장소는 동해안의 추암 촛대바위와 덕항산 환선굴을 돌아보고 자연 속에서 사귐과 영성 훈련의 시간을 가졌다. 이른 아침 교회를 출발하여 추암 조각공원을 돌아보고 식사 후에 환선굴을 관람하였다. 임걸 목사는 창세기 2장 1-3절을 본문으로 '쉼: 하나님의 선물'이라는 설교를 하였다.

11월 8일에는 교목실 주관 신앙강화 주간으로 기독병원 예배실에서 감자탕 교회로 알려진 염광교회의 조현삼 목사를 초청하여 예배를 드렸다. 11월 18일 추수감사절에는 성찬과 세례식이 있었다. 이날 임걸 목사는 시편 100편을 본문으로 '온 땅이여, 하나님께 감사하라'는 제목의 설교를 하였다. 이날 세례식에서는 김지혜, 이준희, 정다은, 홍진헌 네 교우가 세례를 받고 하나님의 자녀로 새 삶을 살아가게 되었다. 교회에서는 이들을 축복하며 이번 후반기 동안 세례 받은 이들을 위해 함께 기도하기로 하였다.

12월 31일 대학교회는 한해를 마감하며 송구영신 예배를 드렸다. 올해 기도하는 삶을 시작하기로 작정했던 교회는 이날 임걸 목사의 누가복음 18장 1-8절을 본문으로 '기도하라, 포기하지 말고'라는 제목으로 은혜를 나누며 기도의 생활을 2007년뿐 아니라 앞으로도 계속하여 나갈 것을 다짐하며 한 해를 마감하고 새해를 맞이하였다.

3) 2008년의 대학교회의 성장

2008년도의 대학교회의 영적 성장은 지난해에 기도 생활에서의 성장에서 성서 연구를 강조하는 '말씀으로 자라는 교회'로 정하였다. 그리고 주제 성구는 시편 119편 103절의 '주의 말씀, 그 맛이 내게 어찌 그리도 단지요? 내 입에는 꿀보다 더 답니다'로 정하여 올해 성서 연구에 매진하는 교회가 되기로 하였다. 임걸 목사는 히브리서 11장 13-16절을 본문으로 '무엇을 목표로 사십니까'라는 제목의 설교를 신년예배를 통해 하였다. 인생의 참된 목표를 눈에 보이는 것이 아닌 영적이며 영원한 하나님의 자녀에 합당한 목표를 갖고자 노력하고 결단할 것을 요구하는 말씀이었다.

2008년의 교회의 운영위원회와 조직 구성에는 2007년에 비해 큰 변화는 없었다. 2000년대에 들어서 교회의 조직과 영성 훈련이 자리를 잡으면서 교회는 꾸준하게 안정을 찾고 성장을 해오고 있었다.

2008년도 대학교회에서 후원하는 단체는 6곳이었다. 선교사는 조경아-박경남 선교사와 안미홍-김동연 선교사를 후원하고 있었고, 기독교사회 복지단체로는 가마골선교회, 원주밥상공동체, 작은 집, 원주시장애인종합복지관 등 네 곳이었다. 교회에서는 2006년에 후원 원칙을 제정하여 후원 대상을 대학교회의 선교 목적과 부

합하는 단체나 개인, 국내 기관은 지역 사회 내의 소규모 기관을 우선적으로 후원하며, 해외의 경우도 선교기관이 적거나 처음 파견되는 지역으로 한정하기로 하였다. 후원 금액은 해당 연도의 예산 안에서 결정하고 2년을 후원한 후에는 재심사를 하도록 결정하였던 것이다.

2008년도 교회의 재정은 2007년도 3월 기준으로 1억 1천 2백 4십만 원이 집행되었는데, 2008년도 3월에는 1억2천만 원이 집행되어 전년 대비 111%를 집행하고 있었다. 증가액만 7백7십만 원에 이르고 있었다. 집행 비율은 교육비, 장학금, 선교비 그리고 관리비 순으로 비중이 높았다. 대학교회의 운영 철학을 뒷받침하는 복음 전도와 기독의료인 양성이라는 목표를 일관되게 수행하고 있는 사실도 여기서도 여실히 나타났다.

2월 17일 주일에는 교회학교와 의과대학을 졸업하는 기독학생들을 축하하며 함께하는 자리가 큰 마당 식당에서 있었다. 초등학교 졸업 1명, 중등학교 졸업 2명, 고등학교 졸업 1명 치위생과 8명, 간호학과 3명, 의학과 31명이 대학교회를 거쳐 졸업하였다.

2008년도 교우들의 영성 강화를 위한 훈련 프로그램들은 전년도에 비해 보완되어 좀 더 다양하게 만들어졌다. 양은정 목사가 지도하는 베델성서대학, 장익 전도사가 인도하는 새신자교육반, 양은정 목사가 인도하는 기초신앙반, 임걸 목사가 인도하는 세례자 교육반, 장익 전도사의 Q.T. 교육반, 자발적 모임을 운영하는 Q.T. 모임반, 허혜경 교우가 책임을 맡은 장년부 성경읽기반, 김명하 교우

임걸 목사, 서미혜 선교사, 양은정 목사, 이인규 권사

가 인도하는 영어 성경공부반이 개설되어 수준별로 구성된 다양한 성경 연구와 경건 훈련이 이루어지게 되었다. 그리고 2008년도에는 일 년간 성경통독을 실시하기로 하였다. 강제 규정 없이 자발적으로 성경을 통독하되 연말에 교회에서 시상을 하기로 하였다.

지난 3년여 동안 대학교회는 기도생활을 강조하며 함께 기도하였다. 2008년에도 교회에서는 주보에 함께 나눌 공동의 기도 제목을 게시하여 기도에 힘을 모았다. 2008년도에는 대학 신입생을 위한 기도, 교회의 영적 성장을 위한 기도, 교회에 속한 각 가정을 위한 기도와 기도의 응답을 위해, 아픈 교우의 회복, 교회가 후원하는 기관과 선교사를 위해, 교역자를 위해, 대학과 병원의 이전과 발전, 입원한 환우와 가족을 위해, 북한 동포를 위해, 세계의 평화를 위한 기도 제목을 놓고 함께 기도하였다.

2008년 2월 10일 개강을 앞둔 대학교회 예배에서 임걸 목사는 마태복음 9장 9-13절을 가지고 '죄인들을 섬기러 오신 주님'이라는 설교를 하였다. 124년 전 이 땅에 그리스도의 본을 받아 낮은 자들을 섬기로 왔던 선교사들을 되돌아보며, 오늘 대학교회가 섬겨야 할 사람들이 누구인가를 돌아보아야 한다고 설교하였다. 교회 안에서는 세파에 상처를 받은 불완전안 사람들이 공동체로 살아가며 서로를 돕고 섬기는 것이, 용서로 살아가는 것이 교회의 본질이라고 강조하였고, 교회 밖에서는 세상에 낮은 이들과 사귀고 만나며 그들과 함께하며 섬김의 본을 보일 때 교회로서 빛과 소금의 사명을 감당하게 된다고 설교하였다.

3월 23일 부활절에는 세례와 성찬식을 거행하였다. 임걸 목사는 마가복음 16장 1-6절과 로마서 6장 5-8절을 본문으로 '그는 살아나셨습니다'라는 제목으로 예수 그리스도의 부활을 증거하는 설교를 하였다. 설교에 이어 김혜원, 엄지현, 송현주에게 세례를 베풀었고 세례 후에는 성찬예식을 가졌다. 예배 후에는 이인규 집사가 봉헌한 부활절 달걀을 나누며 부활의 기쁜 소식을 함께 나누었다. 3월 30일에는 가마골선교회 용석천 목사를 초청하여 함께 예배를 드리고 설교를 들었다. 용석천 목사는 마태복음 7장 21-23절을 중심으로 '하나님의 뜻대로 행하는 자'라는 설교를 하였다. 교회에서는 교회 방문에 대한 감사로 4월 12일 토요일 오후에 가마골선교회를 방문하여 농사 보조 및 봉사활동을 하여 지역선교에 힘을 모았다.

2008년도 어린이 주일에는 교사 헌신예배를 드렸다. 임걸 목사는 신명기 6장 4-7절과 마가복음 10장 13-16절을 가지고 '하늘나라는 어린이 것이다'라는 설교를 하였다. 5월 18일에는 봄맞이 전 교우 야외예배가 있었다. 그러나 우천 관계로 치악산 등반을 취소하고 교회에 모여 예배를 드렸다. 이 예배에서 임걸 목사는 시편 8편 1-4절의 말씀을 가지고 '어찌그리 아름다운지요'라는 설교를 하였다.

대학교회에서는 2008년도 2학기 장학생을 선발하여 총 21명의 학생들에게 장학금 1천 9백 8십만 원을 집행하기로 하였다. 특히 경제적 형편이 어려운 학생들에게는 6명을 선발하여 기존 장학금에 31% 액수를 추가로 지급하여 돕기로 하였다. 그리고 장학금 수혜를 고루 돌아가게 하기 위해서 장학금을 처음 받는 학생들 위주로 우선권을 부여하기로 하였다. 액수는 1차 때 의학과 1백만 원, 간호학, 치위생학 8십만 원, 2차 수혜시 의학과 8십만 원, 간호, 치위생 5십만 원, 3차 수혜 시에는 모두 5십만 원으로 지급액을 통일하기로 하였다.

2008년도 전교우 여름 수련회는 올해의 교회의 표어인 '말씀으로 자라나는 교회'에 따라서 전 교우들이 성서의 말씀을 지난 반 연간 읽어 온 것을 점검하고 성서 일기의 생활화를 위한 수련회로 가졌다. 일시는 8월 9일부터 10일까지 이틀간에 걸쳐 복민교육원에서 개최되었다. 오전 10시 교회를 출발하여 초기 한국 천주교회의 성지인 배론 성지를 방문하여 견학하였다. 배론 성지는 충청북도 기념물 118호로 1791년 신해박해 때에 천주 교우들이 피신하여 숨은 곳으로 옹기를 구워 생활을 하였고, 박해를 피해 옹기 가마 속에서 미사를 드렸던 역사가 간직된 곳이었다.

복민교육원에 도착하여 휴식을 취한 후 저녁에 예배를 드리고 양은정 목사가 '성서가 우리에게 오기까지'라는 강의를 통해 한국에 성서가 오기까지 역사적 여정을 알려 주었다. 그리고 수련회 한 달 전부터 과제로 제시한 에베소서 통독을 하였고, 조별 모임을 통해서 성서를 독서 한 후 나눔 시간을 가졌다. 다음날 임걸 목사는 주일 예배를 통해 마태복음 7장 24-29절을 중심으로 '무너지지 않는 집'이라는 제목으로 설교하였다. 예수의 말씀을 듣고 행하는 자는 반석 위에 집을 지은 지혜로운 사람이요, 그 말씀을 듣고도 행하지 않는 자는 그 집을 모래 위에 지은 어리석은 사람과 같다는 말씀으로 예수의 말씀을 듣고 행하는 성도의 삶을 강조한 것으로 대학교회의 실천적 신앙을 강조한 것이었다.

2008년 8월 17일 광복적 기념주일 예배에서 임걸 목사는 신명기 9장 1-5절을 가지고 '민족이 사는 길'이라는 제목으로 설교하였다. 이스라엘 민족이 하나님 앞에 죄악을 범하여 심판을 받고 본토에서 쫓겨 난 것처럼 우리민족도 숨겨진 죄악으로 인해 일제에게 35년을 고통을 받았다. 이제 대한민국이 살아갈 길, 특히 이 시대에 그리스도인들이 살아갈 길은 하나님의 계명을 지켜 사회를 순결하게 가꾸어 가고, 이 시대에 만연한 죄악들로부터 우리 사회를 벗어나게 하는 길임을 역설하였다.

가을 초엽 추석이 다가오자 교회에서는 추석 명절 가정예배 주보를 만들어 교우들이 고향 방문 기간 동안 예배를 드리게 하였다. 성서는 요한복음 15장 5-12절을 본문으로 '서로 사랑하라'는 제목의 설교 주제도 주어져 가정에서 사랑의 중요성을 일깨우게 하였다.

10월 12일에는 전 교우 야외예배가 있었다. 장소는 경기도 가평에 위치한 남이섬이었다. 이날 예배에는 교우들 59명이 참가하였고, 깊은 가을 남이섬의 숲길에서 자연을 지으신 하나님을 찬양하고 소중한 교제를 나누었다. 양은정 목사는 이날 설교에서 누가복음 19장 37-38절을 가지고 '아름다운 인생'이라는 제목으로 설교하였다.

11월 16일에는 추수감사절 예배를 드렸다. 이날은 찬양팀이 주축이 되어 찬양으로 드리는 감사의 예배를 드렸다. 이날 감사절을 맞아 세례 예식이 거행되었다. 유아세례 김찬영 어린이와 성인세례 김지언, 박상연, 홍성욱 교우가 세례를 받아 영적으로 거듭난 생활을 시작하였다. 이어 성찬식이 진행되었다. 이 성찬식에는 백운성당 주임신부 류충희 신부가 증정한 성찬용 포도주를 가지고 성찬을 드렸다.

12월 25일에는 성탄절 예배를 드렸다. 주제는 '하늘에는 영광 땅에는 평화'라는 주제였다. 임걸 목사의 사회로 장익 전도사의 기도 그리고 양은정 목사가 요한복음 3장 16절을 본문으로 '존재와 사랑'이라는 설교를 하였다. 이날 성탄 예배는 상가대가 준비한 칸타타가 드려졌고, 예배 후에는 온 교우들이 가마골선교회를 방문하여 한파 속에 이웃 사랑을 나누었다.

12월 31일 2008년을 마감하고 새해를 맞이하는 송구영신 예배를 드렸다. 올 한해를 돌아보면서 감사한 것, 하나님이 베푸신 것을 동영상으로 제작하여 관람하는 시간을 가졌다. 임걸 목사는 요한복음 1장 1-5절과 마태복음 5장 14-16절을 가지고 '말씀이 빛으로'라는 주제의 설교를 하였다. 그리고 공동기도를 통하여 2008년에 못 이룩한 주의 사명을 돌이켜 회개하고 새해에는 하나님의 말씀 중심으로 살아갈 결단의 기도를 함께 드렸다.

2008년도의 교회 재정은 총 지출이 1억 2천 2백 9십만 원으로 전년 대비 1% 정도 증가세를 보였다. 교회의 재정 지출 비중은 여전히 교육비와 장학금과 선교비를 가장 많이 지출하여 교육하고 선교하는 교회의 모습을 잃지 않고 있었다.

4) 2009년 대학교회의 사역과 선교

2009년 1월 4일 신년주일을 맞이한 대학교회는 다함께 모여 새해를 맞이하는 예배를 드렸다. 임걸 목사는 갈라디아서 5장 16-26절을 본문으로 '성령의 인도하심을 따라'라는 설교를 하였다. 2009년 대학교회의 표어는 지난 2년 간 기도와 말씀을 강조한 것에 이어 성령의 사역을 소망하는 뜻에서 '성령을 좇아 행하는 교회'라고 정하였고, 표어 성구로는 갈라디아서 5장 16절의 '여러분은 성령께서 인도하여 주시는 대로 살아가십시오'라는 구절로 정하여 올해의 영적 성장의 표지로 삼았다.

그리스도인의 삶이 하나님의 섭리로 예수 그리스도를 만나고 그를 통해 믿음을 얻고 구원의 확신에 도달하고 기도와 말씀으로 양육된 후 영적 성장을 통해 성령의 열매를 맺는 것이 성도의 지상에서 삶의 도착점이기 때문에, 대학교회에서는 기도와 말씀 후에 성령에 대한 소망을 영적 성장의 목표로 삼았던 것이다. 2000년대 후반에 접어들면서 대학교회의 사역과 봉사 그리고 예배 등 여러 분야에서 헌신되고 안정된 모습을 보였다. 재정도 1억 4천만 원을 넘어 계속적으로 선교와 장학 및 교육 사업에 투자가 확대되고 있었다.

1월 11일 임걸 목사는 창세기 35장 1-7절을 가지고 '베델로 올라가자'라는 제목으로 설교하였다. 다시 경제 위기를 겪고 있는 한국사회에 어떤 인생도 사회도 폭풍우를 견뎌야 하는데, 우리 시대의 그리스도인들은 야곱처럼 하나님이 지시하신 베델로 나아가고 그곳에서 제단을 쌓고 예배를 드리며 이방신들을 버리고 잃어버린 하나님과 관계를 회복함으로써 생명의 길로 나갈 수 있다고 전하였다. 세속화된 우리 사회를 향해 영적 윤리적 회복을 지향하는 대학교회의 역할을 되새기는 설교였다.

1월 28일부터 2월 9일까지는 의과대학과 대학교회가 협력하는 제 15차 해외의료 선교가 있었다. 예년처럼 방글라데시의 찔마리 지역에 의료 선교단이 계속 파송되고 있었다. 이 선교활동에 대학교회에서는 김기현, 김명하, 김영현, 이두형, 이은지, 임걸 목사가 참가하여 그리스도인의 섬김의 모습을 실천하였다.

2009년 1월 25일에는 양은정 목사가 사임을 하였다. 양은정 목사는 이날 이임예배에서 전도서 3장 11-12절을 가지고 '만날 때와 헤어질 때'라는 제목으로 설교하였다. 그리고 양은정 목사의 후임으로 박경순 전도사가 새로 부임하여 양은정 목사가 맡았던 사역을 이어나갔다.

3월 8일에는 대학교회에서 후원하는 장학생을 초청하여 함께 식사를 나누고 격려하는 시간을 가졌다. 예배 후에는 장학생들과 운영위원 및 자원하는 이들과 함께 오대산 산채정식에서 식사를 하며 교제의 시간을 가졌다.

2009년도 봄을 맞이하여 대학교회에서 운영하는 여러 성경공부 모임이 시작되었다. 지난 2년간 기초가 잘 쌓인 대학교회 성경공부는 신자들의 성장 단계에 맞추어 여러 형태로 개설이 되었다. 교회 내의 지도자들이 여럿 세워져 성경공부를 인도하고 있었다.

베델성경공부	김상하
금요성경공부	박경순
로마서	박광화
영어성경공부	김명하
기초신앙반 새신자반	박경순
성경읽기 개요	허혜경

교회에서는 선교사를 물질적으로도 후원하지만, 먼 타국에서 선교활동에 임하는 선교사들에게 정서적 유대와 그리스도 안에서 교제를 위해 이메일로 안부를 전하며 선교사를 격려하고 도왔다. 메일로 후원(Missionary Care)하는 선교사들은 다음과 같았다.

안미홍-김동연, 조경아-박경남, 장순호, 박리브가-박용원, 이경희-윤호영 선교사의 메일을 주보에 기재하여 교우들이 연락하며 영적 교제를 나누고 있었다.

2009년 4월 12일 부활절에는 뜻 깊은 예식이 진행되었다. 이날 임걸 목사는 누가복음 24장 1-9절과 로마서 6장 5-11절의 말씀을 가지고 '부활의 삶'이라는 설교를 하였다. 예수 그리스도의 부활의 증거가 그리스도인들에게 성령으로 확증되고, 예수와 연합하여 옛 사람이 죽고 부활의 새 사람을 입은 그리스도인들이 성령의 열매를 맺도록 세상에 대하여 죽고 하나님께 대하여 산 사람으로 살아갈

어르신 식사_임걸 목사, 박경순 전도사, 김춘희 교우, 서미혜 선교사, 이인규 교우

것을 다짐하는 설교였다.

이날 성가대가 준비한 부활하신 만왕의 왕, Via Dolorosa라는 두 곡이 칸타타로 연주되어 찬양으로 영광을 돌렸으며, 뒤이은 세례식에서는 최동권, 황여주 교우가 세례를 받고 거듭난 하나님의 자녀의 삶을 시작하였다. 이날 세례를 받은 두 교우를 위해 교회에서는 축하와 기도로 함께 하였다. 부활절을 위해 백운성당의 류충희 신부가 기증한 성찬용 포도주로 성찬을 진행하였고, 이인규 집사는 부활절을 축하하는 부활절 계란을 준비하여 함께 나누었다.

5월 3일 어린이 주일에는 어린이들을 가르치는 교사 헌신예배로 드렸다. 교회학교 한경희 교장의 예배 사회로 진행되었고, 임걸 목사는 신명기 6장 4-9절의 말씀을 가지고 '자녀에게 부지런히 가르치며'라는 제목으로 설교하였다.

대학교회에서는 교우들의 온라인에서 상호간 대화와 교류를 위해 다음 카페를 개설하였다. 그 주소는 cafe.daum.net/yonwonchurch 검색명칭은 연세원주의대 대학교회였다. 이 카페를 통해 해외선교사들의 소식과 교우들의 동정 및 경조사를 주보와 동시에 알려서 교회의 공동체적 교류를 높이는 효과를 기대하였다. 그리고 주일예배 참석 인원 및 주일 헌금 통계 등 교회의 공지 사항도 카페를 통해 알려서 교회 행정의 투명성을 높이기도 하였다.

5월 10일은 어버이주일이었다. 교회에서는 카네이션과 작은 선물을 준비하여 교회에 출석하는 어른들에게 드리는 한편 어버이주일을 기념하는 예배를 드렸다. 이날 박경순 전도사는 룻기 1장

15-18절을 본문으로 '어머니의 하나님'이라는 설교를 하여 가문 대대로 물려받는 신앙의 가치에 대해 그 중요성을 알렸다.

5월 17일에는 가정의 달을 맞이하여 전교우 야외예배를 다함께 드렸다. 장소는 강원도 횡성군 갑천면에 소재한 행복한 동산이었다. 주제는 '사랑과 마주치다'였고, 오전 9시 30분에 교회를 출발하여 행복한 동산에 도착하여 찬양 예배, 친교와 공동식사 그리고 자연을 만끽하는 시간을 가진 후 귀가하였다.

6월 28일에는 방글라데시에서 선교 사역하는 장영인 선교사가 대학교회의 초청으로 방문하여 함께 예배를 드렸다. 장영인 선교사는 예레미야 13장 1-11절을 가지고 '방글라데시 선교 보고'를 하여 교우들에게 선교의 현황과 현장에서 일어나는 놀라운 사역의 이야기를 전하여 살아계신 하나님의 은혜를 간증하였다.

교회는 7월 중순부터 교회의 여름 사역인 전교우 여름 수련회를 준비하고 있었다. 장소는 강원도 횡성의 행복한 동산이었고, 일자는 8월 8일과 9일 양일간으로 정해져 있었다. 주제는 '성령 안에서 서로 사랑하자'가 주제로, 올해 대학교회의 표어인 성령 안에서의 사귐을 훈련하는 기간으로 삼기로 하였다.

8월 8일 수련회로 출발한 교우들은 11시 반에 개회 예배를 드렸다. 박경순 전도사는 고린도전서 13장 1-3절을 본문으로 '사랑이 없으면'이라는 설교를 하여 성령의 열매 중에 가장 아름다운 것이 사랑임을 강조하였다. 오후 시간에 어린이들은 자유 수영을 하고 어른들은 전주대학교 선교신학 대학원 목회상담 교수인 신명숙 목

김상하 교우와 아들 김찬영

사의 '자기 사랑'이라는 특강을 들었다.

저녁 프로그램으로는 박수웅 장로를 초청하여 '크리스찬의 결혼과 성'이라는 강의와 '21세기의 비전'이라는 두 개의 강좌를 들었다. 특강 후에는 '용서'라는 다큐멘터리를 시청하여 그리스도인으로 영성을 되짚어 보는 시간을 가졌다. 이튿날 주일 오전 임걸 목사는 베드로 전서 4장 7-8절을 중심으로 '서로 뜨겁게 사랑하라'라는 제목으로 설교하였다. 이번 수련회에는 교우들 중 54명이 참가하여 은혜로운 수련회를 마쳤다.

8월 30일에는 W.E.C. 선교회 소속의 윤호영 선교사를 초청하여 함께 예배를 드렸다. 윤호영 선교사는 시편 39편 5-6절을 본문으로 '우리가 바라보아야 할 것'이라는 제목으로 설교하였다. 교우들은 교회를 방문하여 말씀을 전하고 교제를 나눈 윤호영 선교사에게 감사의 마음을 전하였다.

2009년 8월 28-29일에는 교회학교 교사를 위한 워크숍이 열렸다. 여는 예배에서 장익 전도사는 '아동 이해와 효과적인 의사소통'이라는 제목을 설교하여 어린이들과 교육에서 의사소통의 중요성을 강조하였다.

2009년 8월 29일과 30일 양일간 성가대 워크숍이 열렸다. 장익 전도사가 인도한 이 워크숍에서는 성도들이 하나님을 찬양하는 삶을 살아가는 성서적 근거들을 다시 되새기고 하나님을 찬양하는 이유, 누가 하나님을 찬양하는가, 무엇을 어떻게 찬양해야 하는가, 찬양으로 나타나는 능력과 그 성서적 근거들을 함께 기도하고 세미나를 통해 연구하였다.

2009년 10월 25일에는 연세대학교 원주캠퍼스 대학교회 연합체육대회가 있었다. 오전 11시에 매지리 캠퍼스에서 양 교회 가족들이 만나 오전 11시 함께 예배를 드리고 공동식사 후에 체육대회를 가졌다. 종목은 닭싸움, 짝피구, 축구, 줄넘기 등 다채로운 체육행사를 가졌고 대학교회를 섬기는 교우들의 교제를 나누는 자리였다.

2009년도에 대학교회의 성경 공부 모임도 활성화되어 있었다. 금요성경 공부에는 이강연, 이루지, 민선녀, 정우선, 안성현, 박소진, 한경희 교우 등 7명이 참여하고 있었고 월요성경공부에는 이강연, 주현실, 김기경, 김기연 등 4명이 참여하여 교우들의 성경 연구와 영성 교육이 진행되고 있었다.

11월 15일 추수감사절에는 감사의 성찬 예배를 드렸다. 이날 임걸 목사는 시편 103편 1-5절과 시편105편 1-6절을 가지고 '고통 중에도 하나님의 은혜가'라는 설교를 하였다. 그리고 유충희 신부가 기증한 선찬용 포도주를 가지고 성찬식을 나누었고, 예배 후에는 교회가 후원하는 가마골선교회를 방문하여 그리스도의 감사와 사랑을 함께 나누었다.

11월 22일 대강절이 시작되면서 교회는 예수 그리스도의 강림을 기원하는 성탄 장식을 교회학교를 중심으로 만들어 교회에 설치하였다. 엄동설한 교회를 방문하는 이들이 그리스도의 사랑과 안식을 느끼게 하려는 마음이 거기 있었다.

2009년 입시철이 다가 오면서 대학교회에서는 큐티-에셸하우스를 운영하기로 하였다. 이 큐티-에셸하우스는 원주의과대학에 입학한 학생 중에서 가정 형편이 어려워 숙소를 구하기에 어려운 학생들을 모아 주거지를 제공하는 프로그램이었다. 대학교회는 원래 2009년 5월부터 로뎀하우스라는 이름으로 학생 숙소를 운영할 계획을 수립하였고, 그 결실이 그해 겨울에 맺어져서 큐티-에셸하우스를 운영하게 되었던 것이다. 대학교회에서는 우선 여학생, 선교사 자녀, 신앙공동체 생활을 할 수 있는 학생이라는 조건으로 학생을 모집하여 2010년 3월부터 숙소를 제공하기로 하고 2009년 12월부터 공개적으로 학생을 모집하기로 하였다. 원주 지역으로 유학을 온 학생들 중에는 숙소 문제로 어려운 학생들이 있었고, 이들을 도와 의과대학과 교회의 섬김의 정신을 실천하기 위한 방안 중 하나였다. 이 큐티-에셀하우스의 학생 모집과 돌봄은 박경순 전도사가 맡아 하였다.

2009년 12월 25일 성탄절에는 성탄 축하예배를 드렸다. 임걸 목사는 마태복음 1장 22-23절을 가지고 '임마누엘'이라는 제목으로 설교하였다. 예배 후에는 대학교회가 후원하고 기도하는 가마골선교회를 방문하여 세밑 한파 속에서 그리스도의 사랑을 나누는 시간을 가졌다.

2009년 12월 27일부터 이듬해 1월 5일까지 대학교회 찬양단에서는 필리핀 마닐라에 있는 바울 선교 센터를 방문하여 전도여행을 실시하였다. 장익 전도사가 기획을 하고 최진희 교우가 전도 팀장, 의료 봉사는 홍진헌과 김영현이 각각 진료와 구강 교육을 담당하기로 하였다. 회계 이기쁨, 서기 김영현, 도우미 정시온, 찬양 이후연, 어린이 사역 조은애 김지은, 사진 이후연, 영상 최진희, 의상 정시온, 스케줄 홍진헌, 중보기도 담당 김유리로 정하였다. 12월 27일 출국하여 29일에 파야타 안디옥 교회, 30일 마닐라 글로리 기독교회, 31일 마닐라 복음 기독교회, 1월 1일 현지 문화 탐방, 1월 2일 마닐라 그린랜드 교회, 1월 3일 바울 선교센터, 1월 4일 마닐라 체험 그리고 1월 5일에 귀국하는 일정이었다. 대학교회는 의료선교뿐 아니라 찬양단을 파견하여 해외 선교에 동참하는 사역을 개시하여 선교의 후원을 넘어서 선교활동을 직접 시작하여 그리스도인의 사명을 감당하였다.

12월 31일 2009년을 마감하는 시기를 맞아 대학교회는 송구영신 예배를 드렸다. 임걸 목사는 마태복음 9장 9-13절을 가지고 '나는 왜 살아남았을까?'라는 설교를 하였다. 그리고 공동기도를 통해 지난 해 하나님이 이끌어주신 것에 감사하고 또 마땅히 해야 할 것을 하지 못했던 것을 돌이켜 회개하며 새해를 주님과 교회를 위해 헌신할 것을 다짐하였다.

III. 미래의 비전과 사명을 향해 나가는 대학교회

1. 박정진 목사의 대학교회 재파송

1) 2010년 대학교회의 사역과 성장

2010년 새해가 밝았다. 대학교회는 온 교우들의 가정과 교회의 사역에 큰 축복이 내리기를 기원하면서 신년예배를 드렸다. 신년예배 찬양을 황여주, 구지선, 권송이, 김란 교우가 부른 후 신명기 6장 4-9절을 본문으로 '하나님께 인생을 걸어라'라는 제목으로 임걸 목사가 설교하였다. 신앙과 인간의 실존을 연결하여 오직 하나님만이 우리의 구주가 되시고 인도자가 되신다는 것을 선포하였다. 임걸 목사가 그렇게 설교를 한 이유는 대학교회가 2010년 교회의 표어를 '하나님만을 사랑하는 교회'로 정하였고 그 성구로 신명기 6장 5

절 '너희는 마음을 다하고 뜻을 다하고 힘을 다하여 주 너희의 하나님을 사랑하라'로 정하여 교회가 하나님 사랑을 깊이 경험하는 해로 정하였기 때문이었다.

교회의 신년 기도 제목은 성령의 인도를 따르는 교회가 되도록, 이상기후로 고통 받는 이들을 위해, 지진으로 재난을 당한 아이티 국민을 위해, 국가의 지도자들을 위해, 북한 동포들과 평화 통일을 위해, 국가고시 준비하는 이들을 위해, 대학교회의 가정들과 아픈 교우들을 위해서, 교역자들과 해외에서 선교하는 선교사들을 위해 매 시간 기도하는 교회가 되기로 하였다.

그리고 교회는 연 초에 운영위원회를 열어 몇 가지 안건을 정하여 교우들에게 발표하였다. 우선 2010년은 교회 창립 25주년이 되는 해이므로, 25주년 기념행사를 준비하여 시행하기로 하였다. 그리고 선교사 자녀 교육비를 적립하기로 하였다. 문창모 박사의 증손녀 문지혜 학생이 상해 복단대 재학 중인데 그 학생에게 2년간 학자금을 지원하기로 하였다. 특히 아이티 대지진으로 구호물자와 지원이 시급한 상황에서 교회에서는 1월 마지막 주에 특별헌금을 하기로 하였다. 1월 31일 아이티를 위한 헌금이 94만 3천 원이 모여 여기에 교회 예산 1백만 원을 추가하여 모두 1백 93만 3천원을 굿네이버스를 통해 아이티의 난민들을 위해 사용하도록 전달하였다.

2월 21일 학교의 이수 기간을 마치고 졸업하는 학생들의 졸업과 졸업을 축하하는 모임이 있었다. 초등학교 강한나, 고등학교 김예사 외2명, 치위생과 김영현 외 2명, 간호학과 구지선 외 14명, 의학

2010.1.10. 예배 후 전교인

과 김기현 외 12명, 환경공학과 용승현, 식품영양학과 용유선이 졸업하였다. 교회에서는 이날 졸업생들과 식당 연강춘에서 식사를 하며 장래를 축복하고 이들의 가는 길에 은총이 넘치기를 기원하였다.

2010년 대학교회의 예배와 모임은 공식 예배가 3회, 성경공부반이 6개, 기도회가 2개 그리고 운영위원회가 1개가 모이고 있었다. 주일예배는 주일 오전 10시 50분 루가홀에서, 어린이 예배는 주일 오전 10시 의학관 기도실에서, 청소년 예배는 주일 오전 9시 30분 의학관 세미나실에서 정기적으로 모이고 있었다.

성경공부반은 모두 6개 반이 개설되어 있었다. 금요 성경공부가 매 금요일 12시 30분 의학관 야성회의실에서, 새신자반은 주일 오후 1시 30분 대학교회 사무실에서, 기초신앙반은 주일 1시 30분에 의학관 기도실에서, 세례교육반은 세례 전 4주간 교육을 교목실에서 실시하였다. Q.T. 교육반은 세례 후 4주간에 걸쳐 교육을 하되 의학관 기도실에서 3월부터 7월까지 실시하였다. 월요 성경공부는 매주 월요일 5-6시 30분까지 의학관 PBL 7호실에서 진행하였다. 그리고 신설된 성경공부반으로 새신자 성경통독반과 장년부 성경 읽기반, 영어성경공부반 2반이 개설되어 운영되었다.

기도회는 새벽기도회가 매일 새벽 5시 의학관 기도실에서 있었고 월기도회는 매월 셋째주 금요일 7시 복민교육원에서 진행되었다. 그리고 교회의 제반 업무를 처리하는 운영위원회는 매월 셋째주 주일 예배 후 의학관 세미나실에서 모였다.

각부서 워크숍도 진행되어 부서 활동의 활성화를 추진하였다. 교회학교 워크숍이 2월 26일과 27일에 문막 오크벨리에서 열렸다. 그리고 대학교회 찬양팀 워크숍이 3월 5-6일에 같은 문막 오크벨리에서 열렸다.

3월 7일에는 그간 교회학교를 맡아 수고하던 장익 전도사가 의학상담실로 이임하였다. 그 후임으로 최호찬 전도사가 부임하여 교회학교 및 성경공부와 찬양팀을 맡아 사역하였다. 대학교회에서는 남혜주 목사를 협동목사로 위임하여 대학교회에서 함께 사역하도록 결정하였다.

2010년 1학기 대학교회 장학생이 선발되었다. 모두 23명으로 간호학과 5명, 의학과 18명이었다. 이들에게 지급된 장학금은 2천 25만 원으로 경제적 형편을 고려하고 수혜 횟수에 따라 그 액수를 조절하여 지급하였다.

4월 4일 부활절에는 찬양예배로 부활절 칸타타가 공연되었다. '십자가 없인', '십자가에 못 박아라', '주께서 부활하셨다', '승천' 등 네 곡을 성가대가 불러 다시 사신 주님을 경배하였다. 임걸 목사는 누가복음 24장 1-11절을 통해 '그는 다시 살아 나셨다'라는 제목으로 예수 그리스도의 부활을 증거하는 설교를 하였다. 이날 김기연과 박수진이 교우들의 축복 속에서 세례를 받고 하나님의 새 사람으로 삶을 시작하였다. 세례 후에는 백운성당의 류충희 신부가 증정한 성찬용 포도주로 성찬식을 진행하여, 온 교우들이 그리스도 안에서 한 몸이 되어 헌신하는 의식을 가졌고 예배 후에는 이인규 집사가 정성껏 마련한 부활절 달걀을 나누었다.

5월 1일과 2일에는 성가대가 문막 오크벨리에서 워크숍을 갖고 노래로 하나님께 영광을 돌리기 위한 훈련 일정을 가졌고, 5월 2일 주일에는 어린이 주일을 맞아 교회학교 교사들의 헌신 예배가 있었다. 교우들은 자라나는 어린이들의 신앙과 사랑의 양육을 위해, 그리고 헌신한 교사들의 격려와 수고에 감사하는 기도를 함께 드렸다.

5월 9일 어버이 주일에는 가나안 농군학교의 김범일 교장 선생님이 초청되어 설교를 하였다. 김범일 장로는 요한복음 12장 25-27절을 가지고 '먼저 부모님 사랑'을 이라는 제목으로 설교하여 부모 섬기는 사랑에 대하여 강조하였다. 예배 후에는 교회가 돕고 있는 독거 어르신 현병렬 할아버지를 김순성 교우와 임걸 목사, 박경순 전도사가 방문하여 나눔의 시간을 가졌다.

2010년 5월 16일에는 대학교회 봄 야외예배가 있었다. 이날의 주제는 '찬양 예배와 미술관과 김유정 문학촌 관람'이었다. 오전 10시 교회를 출발하여, 12시에 춘천의 예예 동산에 도착하여 찬양예배를 드리고 공동 식사를 하였다. 임걸 목창세기 2장 1-3절을 본문으로 '하나님께서 쉬셨다'라는 설교를 통해 안식의 영적 아름다움과 필요성 설교하였다. 그 후 미술관 관람을 하고 오월의 아름다운 자연을 만끽하다가 김유정 문학촌에 들러서 관람을 하고 귀가하였다.

6월 27일에는 장로회신학대학교의 이은혜 교수를 초청하여 예배드렸다. 이은혜 목사는 민수기 22장 21-35절을 중심으로 '그날의 모압 평지: 한반도'라는 설교를 하였다. 2010년 7월 25일 그간 대학교회 담임을 맡았던 임걸 목사가 매지리캠퍼스의 대학교회로 발령을 받아 원주의과대학교를 이임하고, 박정진 목사가 다시 원주의과대학교회 담임목사로 임명을 받아 부임하게 되었다. 그래서 2010년 8월부터 대학교회의 교역자는 담임목사 박정진, 협동목사 남혜주, 전도사 박경순, 최호찬, 장익 전도사가 함께 사역하게 되었다.

박정진 목사의 부임 후 주보에 변화가 생겼다. 기존의 2단 인쇄의 주보가 3단 인쇄로 바뀌어 각종 모임 소개와 그날의 성경 말씀을 적어 정보 제공을 증대시켰다. 교회의 운영진에는 큰 변화가 없었다. 운영위원은 예배부에 김윤철, 이루지, 용석중 교육부에 한경희, 정우선, 장년부에 이인규, 봉사부에 남궁미경, 민선녀 친교부에 김상하, 최한주, 국내선교부 김형중, 서미혜 국외선교부에 박광화, 최형준, 김종구 재정부에 김춘희, 김명하 성가대 지휘 유진세, 성가대 반주 박진, 안내 위원 이인규, 김춘희, 박수진, 김영아, 김소희 교회학교 교사 한지호, 이수정, 정조은, 김유진, 최준호, 박나실, 김순성이 봉사하고 있었다.

그리고 교회에서는 이인규 집사와 김춘희 집사의 호칭을 명예권사로 바꾸기로 하였다. 오랫동안 교회를 섬기고 봉사한 분들을 존경하고 본받으려는 교회의 명예로운 표시였다.

8월 7-8일 양일간에 대학교회 여름수련회가 복민교육원에서 열렸다. 주제는 올해의 표어인 '너희 하나님만을 사랑하라'였다. 주제 성경 구절은 신명기 6장 4-9절과 마가복음 12장 28-30절이었다. 이번 수련회에는 어른 41명 어린이 10명이 참석하여 함께 성도의 공동생활을 체험하였고 박정진 목사의 개회 및 주일 예배 설교가 있었고, 양동춘 목사의 하루 부흥회를 열어 교우들의 영적 각성을 시도하였다. 저녁에는 '대학교회의 밤'을 열어 교우들의 장기와 재능을 발견하는 흥미진진한 시간을 보냈다.

대학교회 찬양팀은 작년 필리핀 선교를 토대로 올해는 제1회 대학교회 찬양팀 섬 봉사 전도여행을 떠났다. 8월 8일부터 13일까지 예배자 학교를 춘천의 예예동산에서 갖고 전라남도 완도군 군외면 땅끝마을로 파견하여 그곳에서 선교와 봉사활동을 하였다.

2010년 9월 12일 대학교회는 2학기 개강을 맞이하여 장학생을 선발하여 이들에게 장학금을 지급하고 함께 식사를 나누며 격려하는 시간을 가졌다. 이번 장학생은 모두 25명으로 대학교회는 기독 의료인 양성이라는 사명에 충실하며 미래 한국 사회와 의료계를 위한 씨앗을 뿌리는 일을 계속하였다. 이들에게 지급된 장학금 총액은 2천 5백만 원이었다.

2010년도 교회의 성경공부는 비록 그 수는 많지 않지만 성실하게 공부하는 이들로 빛나고 있었다. 금요 성경공부는 이강연, 이루지, 민선녀, 전웅선, 안성현, 박소진, 한경희 교우가 함께하고 있었고, 로마서 성경공부는 김필조, 주현실, 김기경, 김기연, 최선주 교우가 참여하고 있었다.

10월 10일 대학교회는 원주시 신림면 금찬리 소재의 예찬의 집에서 가을맞이 야외예배를 드렸다. 오전 10시 병원에서 출발하여 11시 예찬의 집에서 찬양예배를 드리고 공동 애찬을 나누고, 자연 속에서 신비한 자연의 아름다움과 하나 되어 창조조의 솜씨를 찬양하는 시간을 가졌다. 이날 설교한 박용현 선교사는 누가복음 4장 31-44절을 가지고 '나는 이일로 보내심을 받았습니다'라는 제목의 말씀으로 선교사명은 그리스도인 누구나에게 주어진 것임을 선포하였다.

10월 31일에는 매지리 캠퍼스에서 대학교회 연합예배 및 체육대회를 열었다. 작년처럼 양 교회가 사귐과 선교의 동역 그리고 친교를 다지는 소중한 순간이었다. 주제는 '협력하여 선을 이루자'(로마서 8:28)이었다. 연합예배 사회는 박정진 목사 설교는 임걸 목사 기도는 김시몬 목사가 맡았다. 어린이와 어른들이 함께 어울려 즐거운 하루를 보내고 양교회의 교제가 깊어진 뜻 깊은 행사였다.

2010년 11월 21일 추수감사절을 맞이하여 교회에서는 세례와 성찬 예배를 드렸다. 이날 박정진 목사는 시편 8편 1-9절을 통해 '신앙인의 감사'라는 제목으로 설교하였다. 그리고 세례식에서는 김주원, 김미령, 노진영, 이상아, 김소희 교우가 세례를 받고 그리스도인의 삶을 선택하였다. 그 후 다함께 성찬 예식을 가졌고 예배 후에는 세례 받은 이들을 위해서 교우들이 오대산 산채정식에서 애찬의 시간을 가졌다.

그 다음 주인 11월 28일은 연세대학교 원주의과대학 대학교회 창립 25주년이 되는 날이었다. 돌이켜 보면 놀라운 하나님의 섭리와 인도가 느껴지는 시간들이었다. 그 기간 동안 교회는 대학교회로서 학교와 지역과 해외의 사람들을 섬기며 복음의 사도로서 역할을 감당하여 왔고, 그 역사 속에는 하나님의 인도와 은혜가 늘 함께 하였다는 것을 볼 수 있었기 때문이었다. 이날 예배 사회는 박정진 목사였다. 그리고 대표 기도는 오랫동안 교회를 섬긴 김춘희 명예권사 그리고 설교는 초기 대학교회 설립을 위해 노고를 아끼지 않았던 박정세 연세대학교 교목실장이 빌립보서 2장 13-16절을 본문으로 '별과 같이 빛나리'라는 설교를 하였다. 교회는 지난 25년을 이끌어 주신 하나님께 감사하며 앞으로 더욱 큰 은혜로 성도의 삶과 교회의 사명을 이끌어 주실 하나님께 한 마음으로 헌신할 것을 다짐하였다. 이번 주 25주년을 지낸 대학교회는 교직원 식당에서 전교인 식사 시간을 갖기로 하였다.

2010년 12월 25일 성탄 축하예배가 루가홀에서 드려졌다. 예배의 주제는 '하늘에는 영광 땅에는 평화'였다. 이날 대학교회 성가대는 '영광나라 천사들'을 포함하여 6곡의 성가를 모아 칸타타 공연을 하였다. 박정진 목사는 누가복음 1장 34-38절을 가지고 '하나님의 아버지 되심'이라는 제목으로 설교하였다. 예배가 끝난 후 모든 교우들은 회의실에서 애찬을 나누며 성탄을 축하하고 아기 예수의 나심을 기뻐하였다.

12월 31일 송구영신 예배가 루가홀에서 있었다. 올 한해를 은혜로 인도하신 하나님의 뜻을 돌이켜 보기 위한 영상물 시청이 있었고, 박정진 담임목사는 빌립보서 3장 13-16절을 가지고 '뒤에 있는 것은 잊어버리고'라는 제목으로 설교하였다. 그리스도인의 삶은 영원한 현존 가운데 계신 하나님과 함께 현재를 살아가는 것이며, 과거는 그 현재를 위한 믿음의 역사적 증거일 뿐이라는 것을 증언하는 설교였다.

2) 2011년 대학교회의 사역

2011년 1월 2일 신년주일을 맞이하였다. 금년도의 대학교회 표어는 '말씀이 힘을 얻는 교회'였다. 주제 성구는 디모데후서 3장 14절의 '너는 배우고 확신한 일에 거하라'라는 말씀으로 2011년은 지난 10여 년간 자릴 잡고 성장을 하며 봉사에 힘써 온 대학교회가, 그간 배우고 익힌 하나님의 말씀에 굳건하게 서서 하나님의 소명을 잘 감당하며 개인들과 가정이 말씀에 기초한 믿음으로 굳게 서기를 바라는 소망이 담겨 있었다. 이날 박정진 목사는 고린도후서 5장

16-19절을 본문으로 '그리스도 안에 있으면 새 피조물'이라는 말씀을 전하였다.

2011년 대학교회를 섬기는 이들은 다음과 같았다.

담 임 목 사	박정진
전 도 사	박경순, 최호찬, 장익 (교육)

운 영 위 원	
예 배 부	강윤철, 이루지, 용석중
교 육 부	한경희, 정우선
장 년 부	이인규
봉 사 부	남궁미경, 김기경, 민선녀
친 교 부	김상하, 최한주
국내선교부	김형중, 서미혜
국외선교부	박광화, 최형준, 김종구
재 정 부	김춘희, 김명하
안 내 위 원	이인규, 김춘희, 김소희, 김기연, 김에스더
계 수 위 원	김춘희, 김명하
교회학교 교사	한지호, 이수정, 정조은, 김순성, 김유진, 최준호, 박나실, 노진영, 이수영

그 뿐만 아니라 교회에서는 교회가 소수의 사람들에 의하여 운

영되는 것을 막기 위하여 교우들의 부서 활동을 권장하고 교회가 많은 분들의 참여를 통해 운영되도록 하였다.

새해를 맞이하여 교회의 해외 봉사 활동도 활발하게 시작되었다. 우선 에비슨 의료장학생 자격으로 간호학과 3학년 이후연 학생이 1월 12일부터 2월 7일까지 케냐의 나이로비에 소재한 텐웨크 병원에 파견되어 그곳에서 의료 봉사를 하였다. 그리고 의과대학이 주최하는 제16차 해외 의료선교가 2011년 2월 13일부터 22일까지 방글라데시 찔마리에서 실시되었는데 여기에 대학교회에서는 박광화 교우, 김종구 교우, 엄대자 교우, 최호찬 전도사, 강우림 교우, 공나실 교우, 이혜미 교우가 참가하여 기독교 봉사 정신을 실천하였다.

2011년 설을 맞이하여 교회에서는 가정예배서를 작성하여 교우들에게 배포하여 설날 가족들이 모인 자리에서 하나님을 예배하도록 하였다. 가정예배서의 성경은 디모데후서 3장 14-17절 설교 나눔은 '배우고 확신한 일에 거하라'는 올해 대학교회의 표어를 설교 내용으로 삼았다.

2011년 3월 6일 주일예배 후 교직원 식당에서 대학교회 장학생들과 운영위원들과 오찬 모임이 있었다. 이번 학기 장학생은 총 24명으로 기독의료인 양성과 후원은 대학교회의 중점 사역으로 진행되었다.

3월 되면서 교회의 성경 공부반도 개강을 하여 활발하게 활동하기 시작하였다. 2011년도부터는 성경공부반을 A, B, C로 나누어 운영하였다. A-1 세례자 공부는 상시 개설하여 박정진 목사가 담당하고, A-2 기초신앙반은 주일 1시에 박경순, 최호찬 전도사가, A-3 새신자반은 목요일 12시 30분에서 1시 30분까지 장익, 최호찬 전도사가 맡았다. B-1반은 화요 성경공부반으로 화요일 12시 30분에서 1시 30분까지 박경순 전도사가 맡았고, B-2 수요 성경공부반은 수요일 오후 2시에 박경순 전도사가 맡아 인도하였다. C반은 화요일 저녁의 성경공부반으로 오후 6시에 개설하여 박정진 목사가 인도하였다.

교목실에서는 에비슨 의료 선교 지원자 프로그램을 운영하고 있었다. 한국 의료 선교 특히 세브란스병원을 설립하여 근대 한국 의료의 아버지가 된 올리버 에비슨의 의료 선교 정신을 본 받아 21세기 청년의료인들의 섬김의 정신을 고취하려는 취지에서였다. 이 프로그램의 특징은 의과대학 입학 초기부터 학생을 선발하여 지속적인 의료 선교 정신을 육성하여 나가고, 현지 선교사와 대과대학 교수들과 멘토의 관계를 형성하며, 방학 중에 현지 선교 훈련을 통해 실습을 하고, 현지화를 실행하여 선교지에서 일정 기간 의료 선교 훈련을 받게 하고 미국에서 개최되는 의료선교 대회에 참가하여 기독 의료인으로서 의료 선교사로서 자질을 훈련하여 한국기독교 의료계를 위해 봉사할 인물을 양성하려는 것이었다.

2011년 4월 24일 부활절 예배에는 부활절 칸타타와 세례예식 및 성찬식이 있었다. 이날 박정진 목사는 시도행전 3장 11-16절의 말씀을 가지고 '부활의 증인'이라는 설교를 하였다. 이어 세례와 입교식을 통해 민승기, 이상아, 임지영 교우가 세례를 받았고 오혜미, 주재현 교우가 입교를 하여 교회의 정식 교우로 섬기게 되었다. 이어 예수 그리스도의 살과 피를 나누어 한 몸이 되는 성찬식을 통해 교우들의 영적으로 하나가 되는 시간을 가졌고, 이인규 권사가 준비한 부활절 달걀을 나누고 예배 후에 교직원 식당에서 전교우의 공동의 애찬이 있었다.

5월 15일에는 2011년 전교우 야외예배가 있었다. 장소는 강원도 횡성군 둔내의 숲채원이었다. 이날 최호찬 전도사는 요한복음 4장 6-19절을 가지고 '치유자의 음성'이라는 주제의 설교를 하였다. 부대낌 심리적 아픔이 만연한 시대에 참된 영적 치유는 우리 영혼에 생명을 주시는 예수 그리스도를 통해 이루어진다는 것을 선포하였다. 예배 후에는 애찬을 나누고 신록의 자연의 아름다움을 가슴에 채우고 귀가하였다.

7월 11일부터 14일까지는 대학교회가 실시한 섬 지역 전도여행이 있었다. 장소는 전라남도 완도군 흑일도의 흑일도 교회였다. 교우들과 청년들이 주축이 되어 실시한 이 전도여행을 통해 교회 복음전도 사명을 실천하는 모습을 보여 주었다.

대학교회 하절기 프로그램은 먼저 제1회 대학교회 중고등부 여름비전캠프를 8월 7일과 9일 2박3일간 충청남도 태안에 위치한 태안 중앙교회에서 열었다. 대학교회는 청소년들에게 신앙과 비전을 제시하려는 이 모임을 통해 대학교회의 차세대 육성과 기독교 비전을 가진 청소년의 영적 양육을 실시하였다.

2011년 전교우 여름수련회는 8월 7일 하루를 잡아 충청북도 단양의 다리원 관광지에서 수련회를 개최하기로 하였다. 주제는 디모데 후서 3장 14절의 '배우고 확신한 일에 거하자'였다. 올해 대학교회의 표어를 마음깊이 되새기고 함께 후반기 사역에 매진하자는 취지였다. 수련회 주일 설교에서 박정진 목사는 마태복음 21장 23-27절을 가지고 '어떤 권위로'라는 제목의 설교를 하였다. 오전 단양 대명콘도에 도착한 교우들은 예배를 드리고 공동식사를 한후, 아쿠아 월드 관람, 고수동굴과 다리원 관광지 관람, 고수 동굴과 충주호 왕복 유람선 이 세 가조 코스 중에 하나를 골라 선택하게 하였다. 저녁에 원주로 귀한 한 교우들은 공동 식사를 나누고 각자 귀가하였다.

8월 28일에는 그동안 대학교회를 위해 수고했던 박경순 전도사가 사임하고 한신대학교 신학대학원를 졸업한 민돈후 목사가 대학교회에 합류하여 동역하게 되었다. 교우들은 박경순 전도사의 발전과 앞날을 축복하며 아쉬운 작별의 시간을 가졌다.

9월 4일 개강이 되자 교회에서는 2학기 장학생을 선발하여 장학금을 지급하고 이들을 교직원 식당으로 초청하여 함께 오찬을 나누며 격려하였다. 2011년도 가을 학기 대학교회 장학생은 모두 23명으로 간호학과 8명, 치위생과 3명, 의학과 12명이었다.

가을을 맞이하여 찬양단 워크숍이 9월 16-17일간 원주시 소초면에서 진행되고 있었고, 교회학교 교사 워크숍은 18일에 진행되어 가을 학기 교회 사역의 순조로운 순항을 알리고 있었다.

2011년 가을 대학교회의 출석 현황을 보면 9월 4일 139명, 추석 연휴 기간 53명, 9월 18일 137명, 9월 25일 118명 정도를 유지하고 있었다. 2000년대 후반 이후 100명 정도 출석을 넘어선 후 점진적으로 성장세를 보이고 있었다.

10월 16일에는 전교우 가을 야외예배가 있었다. 장소는 강원도 평창군 진부면에 소재한 호렙 오대산 청소년 수련원이었다. 참가 이원은 모두 71명이었다. 이날 민돈후 목사는 요한복음 20장 19-23절을 가지고 '한 숨'이라는 제목으로 설교하였다. 깊은 가을 오대산을 산책하는 프로그램이 위주였기 때문에 교우들은 가을 단풍의 아름다운 모습을 보면서 창조주의 오묘한 솜씨를 찬양하며 가을 야외 예배 날을 보냈다.

11월 6일에는 제3회 대학교회 연합체육대회를 가졌다. 매지리 캠퍼스교회와 원주의과대학 대학교회가 연합체육대회를 한지 3년째가 되었다. 이날은 오전에 연합예배를 드렸다. 성서는 고린도전서 4장 14-16, 11장 1절을 가지고 박정진 목사가 '본받는 신앙'이라는 설교를 하였다. 예배 후에는 공동식사와 체육 활동으로 양 교회의 친선을 다졌다.

11월 20일 추수감사절에는 감사예배와 더불어 세례식과 성찬식을 진행하였다. 박정진 목사는 데살로니가 전서 5장 16-18절을 가지고 '감사하는 삶'이라는 설교를 하였다. 이어 세례식에서는 나세환, 이소윤, 최효원 세 교우가 세례를 받고 영적 자녀로 거듭났다. 그리고 성찬식을 통해 교우들은 한 몸의 교회로 영적 연합을 통해

2011.11.20. 추수감사절_박정진 목사

살아 갈 것을 다짐하였다.

2011년 후반기 성경공부는 여러 명의 수료자들을 배출하여 교회의 말씀 사역의 결실을 거두고 있었다. 성경공부반 졸업생은 다음과 같았다.

로마서 연구반	김성준, 박소미, 엄대자, 이혜옥, 정순희, 한정옥, 하혜경
마태복음 연구반	김기경, 김기연, 김필조, 이상희, 최선주, 최순녀(주현실, 한경희)
새 가족반	김기연, 김연진, 최순녀

12월 25일 성탄절에는 성탄 축하예배가 있었다. 이번 성탄 축하

예배에서는 이전의 성가대의 찬양 칸타타가 아니라 전 교우들이 참여한 메시야 찬양이 있었다. 이날 박정진 목사는 누가복음 2장 1-19절을 본문으로 '처음 성탄 소식'이라는 제목의 설교를 하였다. 겸손하게 우리에게 오신 예수 그리스도를 본 받아 겸손하고 낮은 자리에서 살아갈 결단의 설교였다.

이어 12월 31일에는 2011년을 마감하며 새해를 맞이하는 송구영신 예배가 있었다. 한해를 돌아보며 선하게 인도하신 하나님께 감사의 시간을 가졌고 박정진 목사는 고린도후서 4장 16-18절을 가지고 '겉사람은 낡아지지만'이라는 설교를 하였다. 그리스도인은 하나님의 성령의 사람으로 비록 그 겉사람은 낡아지겠으나 속사람은 그 안에 거하시는 성령으로 말미암아 날마다 새롭게 될 것이 그 약속이니 한해를 보내는 성도들이 시간을 가겠으나 날로 영적으로 새로워지는 삶을 살아가자고 다짐하였다.

2. 김한성 목사의 대학교회 부임

1) 2012년 대학교회의 사역

2012년 1월 1일 신년주일을 맞아 대학교회는 신년예배를 드리며 송구영신 예배 때 선택한 말씀 카드뿐 아니라 성서와 일상의 삶을 통해 말씀하시는 하나님의 뜻을 따라 행하며 살아가는 한해가 되기를 소망하고 헌신하였다. 올해 대학교회의 표어는 '말씀이 힘을 얻는 교회'였다. 그리고 주제 성서말씀은 디모데 후서 3장 14절의 '너는 배우고 확신한 일에 거하라'로 정하고, 지난 10여 년간 성경공부가 정착되고 교회의 사역이 확장되면서 대학교회의 선교와 운영이 안정되어 왔던 것을 돌이켜 보며 앞으로 교회의 나아갈 길을 하나님께 맡기며 나가기로 굳게 확신하였던 것이다. 박정진 목사는 이날 설교에서 로마서 12장 1-8절의 말씀을 통해 '새 날을 여는 삶'이라는 설교를 하였다. 하나님의 성령의 받은 이들은 반드시 성령의 열매를 맺게 되는데 그것은 하나님의 새사람으로 자신을 드리는 것을 통해 표현된다는 것이었다.

교회에서는 새해 기도 훈련으로 주기도문 배움터를 개설하였다. 강사는 민돈후 목사였고 총 6회에 걸쳐서 주님이 가르치신 기도의 의미를 깊이 새기고 그 기도를 하고 기도의 내용을 실천하는 것을 목표로 1월 11일부터 6주간의 프로그램을 개설하였다. 또한 13일과 14일 이틀에 걸쳐서 대학교회 교우들을 위한 예배학교가 열리기도 하였다. 예배는 신앙인의 가장 기본적인 직무이며 영광된 사역이고 구원의 통로였기에 예배를 더욱 깊이 영적으로 드리기 위한 학교를 개설하였던 것이다.

2012년 대학교회에서 설 연휴 가정예배를 위해 만든 가정예배문은 서로가 서로를 섬기는 삶을 위하여 성경말씀은 요한복음 3장 1-17절의 말씀으로 설교 제목은 '발 씻어 주는 사람'이라는 설교문을 담았다. 그리고 돌아가신 이들을 위한 추모의 시간을 담았고 주의 기도로 예배가 마치도록 순서를 만들었다.

2월 11일부터 17일까지는 의과대학과 대학교회가 함께하는 제17차 해외 의료선교가 진행되었다. 이번 의료선교는 캄보디아에서 진행되었고 대학교회에서는 김종구, 엄대자, 김지현, 오혜미, 이소운 교우가 참가하여 그리스도의 사랑을 실천하였다. 제17차 해외 선교여행은 4월 1일 주일에 연세의료원 의료 선교센터의 안신기 목사를 초청하여 예배를 드리며 선교보고를 받았고, 그간 활동했던 사진전도 열어서 선교의 과정과 결실에 대한 교우들의 이해와 참여를 높였다.

2월 12일에는 교회학교와 의과대학을 졸업하는 학생들을 위한 졸업예배가 있었다. 교회에서는 이들의 성장을 격려하고 또한 앞날을 하나님이 선하게 인도하시기를 기원하며 한 마음으로 예배를 드렸다. 2월 24일 대학교회 교회학교 교사 워크숍이 열려 올해 교사로서의 섬김에 필요한 교육을 위한 훈련을 받았다.

2012년 3월부터 박정진 목사가 연구년을 갖게 되었다. 그래서 대학교회를 사임하고 그 뒤를 이어 연세대학교 원주캠퍼스 협동교목 김한성 목사가 대학교회 담임목사로 부임하였다. 2월 19일 김한성 목사는 대학교회에서 예배를 인도하고 설교를 통해 미리 교우들과 상견례 하는 시간을 가졌으나 본격적으로 대학교회에서 사역을 시작한 것은 3월 4일부터였다. 이날 김한성 목사는 요한복음 5장 2-15절을 가지고 '예수라 하니라'라는 제목으로 설교하였다.

2012년도 대학교회의 성경공부 모임이 시작되었다. 올해 성경공부 모임은 모두 5개 반으로 신앙생활을 시작한 이들을 위한 초급 반과 신앙의 연조가 오랜 이들을 위한 반으로 나누어 개설하였다.

A-1 부활절 세례자 교육	3월 16일부터 매주 금요일 기도실 / 민돈후 목사
A-2 새가족 교육	월요일 1시 30분 기도실 / 민돈후 목사
B-1 마태복음 성경공부	월 12시 30분에서 1시 30분 기도실 / 민돈후 목사
B-2 주기도문 배움터(2기)	목요일 12시 30분–1시 30분 7회 진행 / 민돈후 목사
C반 창세기 성경공부	화요일 오후 6시 기도실 / 김한성 목사

2012년 3월부터 새벽기도회를 다시 시작하였다. 토요일과 주일을 제외한 월요일부터 금요일까지 매일 새벽기도회를 실시하여 새벽 경건의 시간을 갖기 원하는 교우들의 영적 교제의 시간을 다시 부활한 것이었다. 그리고 신앙상담이나 목회자의 가정 방문을 원하는 이들을 위해서 심방을 실시하기로 하였다. 일괄적 심방은 아니었고 우선 심방을 원하는 교우들이 신청을 하면 교회에서 심방을 실기하기로 하였다.

3월 11일 주일에는 대학교회의 장학생과 장학위원회의 모임이 있었다. 이번 학기에 장학금을 지급받는 학생들과 교회의 장학 위원들이 함께 만나 교제하며, 교회에서 학생들을 격려하는 모임이었다. 의예/의학과 12명 간호학과 8명 치위생과 2명이었다.

2012년 4월 8일 부활절에는 부활절 기념 뮤지컬 공연과 세례식과 성만찬 의식을 진행하였다. 이번 부활절에는 박희정 교우와 임소을 어린이가 세례를 받았다. 그리고 성찬식을 거행한 후 김한성 목사는 마가복음 16장 1-8절을 본문으로 '부활, 그 놀랍고도 두려운 소식!'이라는 제목으로 설교하였다. 그리고 지난 두 달 간에 걸쳐 이번 부활절을 위해 특별히 준비된 뮤지컬 '두 제자'를 공연하였다. 박지훈이 작곡한 이 뮤지컬을 공연함으로써 대학교회는 성가대의 칸타타 공연에 이어 뮤지컬을 공연하여 상가대의 역량과 찬양의 마음이 더욱 짚어진 것을 느낄 수 있었다.

5월 6일 어린이 주일에는 교회에서 어린이 주일 예배를 드린 후 특별 프로그램을 가졌다. 이날 김한성 목사는 시편 78편 5-8절을 가지고 '다음 세대를 위한 one more'라는 제목으로 설교를 하였다. 예배를 마친 교우들은 기념 촬영을 하고 원주제일교회 앞 'the 나누기 cafe'에서 부모님과 함께 하는 피자 만들기 시간을 갖고 여러 가정들이 함께 피자를 만들고 즉석 사진을 찍는 등 아름다운 가정 만들기의 본을 보여 주었다.

5월 13일 어버이 주일에는 대학교회에서 교회의 어른들을 모시고 식사 시간을 가졌다. 장소는 '뜰이 예쁜 집'이었고 교우들은 삼삼오오 그곳으로 이동하여 공동체의 사랑과 섬김의 시간을 가졌다.

5월 20일에는 2012년 봄 야외예배가 있었다. 장소는 원주시 신림면에 소재한 예찬의 집이었다. 10시에 교회를 출발하여 예찬의 집에 도착한 이들은 함께 예배를 드렸다. 민돈후 목사는 누가복음 19장 1-10절의 말씀을 가지고 '벼꽃'이라는 제목으로 설교하였다.

대학교회는 의대도서관에 인문학 서적과 신앙 서적을 구입하여 제공하였다. 로버트 존슨의 『내면작업』(동연, 2011)이라는 책을 비롯한 22권의 기독교 및 인문학 서적을 구입하여 의과대학 도서관에 비치하여 의과대학생들이 인문학적 소양을 넓히고 독서의 다변화를 이루도록 기여하였다.

학기말이 되면서 학기 초에 시작한 성경공부가 하나 둘씩 마무리되었다. 6월 17일 종강한 주기도문반은 모두 13명이 졸업을 하여 한학기 동안 주님의 기도에 대한 이해와 생활의 적용 훈련을 마쳤다.

2012년 대학교회 여름 행사는 대학부 수련회가 7월 13일과 14일에 낙산 에어포트 콘도텔에서 먼저 열렸다. 그리고 전교우 여름

여름수련회_낙산, 김한성 목사

수련회는 7월 14일과 15일 양 일 간에 같은 장소인 강원도 낙산 에어포트 콘도텔에서 열렸다. 이번 전교우 수련회는 14일 오후 교회를 출발하여 낙산에 도착해서 자연을 벗 삼아 물놀이를 즐기고, 저녁 시간에 레버런스 영성순례 프로그램을 통해 영적 훈련의 시간을 가졌다. 다음 날 오전까지 휴식을 즐긴 후, 오전 9시에 주일예배를 드리고 귀가하는 프로그램이었다. 뒤이은 교회학교 청소년부 여름 수련회는 7월 28일부터 8월 1일까지 2박 3일간 충청남도 태안의 태안중앙교회에서 열릴 예정이었으나 참가 인원이 부족하여 다른 프로그램으로 대체하기로 하였다.

8월 15일부터 18일까지 최근 3년여 동안 진행해 온 전라남도 완도군 해남의 흑일도교회에서 진행하는 섬 전도 여행이 실시되었다. 최호찬 전도사가 인도한 전도팀은 15일 땅끝마을을 거쳐 흑일도에 도착하여 여장을 풀고 저녁 무렵부터 특강으로 자체 훈련과 전도 활동을 시작하였다. 16일에는 오전 오후 도보로 전도 활동을 하였고, 저녁에 전도 예배를 드렸다. 셋째 날도 둘째 날처럼 오전과 오후의 전도 활동에 주력하였다. 넷째 날 모든 사역을 마치고 원주로 돌아와 4일간의 전도 여행을 마쳤다. 그간 축적된 전도 훈련의 역량으로 대학교회의 국내 전도도 소기의 성과를 이루고 열매를 맺어 가고 있었다.

8월 30일부터는 대학교회에서 해피 바이블 스터디가 시작되었다. 이 성경 강좌는 전공의나 연구 강사를 위한 것으로 매주 목요일 저녁 6시 30분에 모임을 가졌다. 장소는 'the 나누기 cafe'였고, 인도자는 장익 목사였다. 전공의와 연구 강사들 중에 교회에 나오는 이들이 있어 이들에게 교회에서 성서 연구 과정을 개설하여 주기로 하였던 것이다.

2012년도 2학기 대학교회 장학생은 모두 22명이었다. 의예과 2명, 의학과 12명, 간호학과 8명 치위생과 1명이었다. 장학위원들은 장학생들과 9월 9일 병원 식당에서 예배 후 만남을 갖고, 학생들을 격려하였다. 9월 16일부터는 이제껏 진행해 오던 주일예배 후 공동식사를 중지하기로 하였다. 우선 교회 예산에서 차지하는 비중이 너무 높아졌고, 또 친교시간과 중복이 되어 9월 16일부터는 친교시간을 강화하고 공동식사를 폐지하기로 하였다. 그리고 그 주일에 장학헌금 시간을 할애하여 헌금을 모아 추가 장학금에 사용하기로 하였다. 추가로 모인 장학 헌금은 3,891,000원이었다.

2012년도 2학기 9월 16일 주간부터 대학교회 성경공부 모임이 시작되었다. 2학기는 1학기와 성경공부 내용이 개편되었다. 그간 여러 과정을 마친 교우들도 많았고 그래서 일반 교우들보다는 대학생 성경공부를 위주로 성경공부반을 구성하였다.

장년부	창세기 성경공부	(담당 : 김한성 목사)
장년부	산상설교 성경공부	(담당 : 민돈후 목사)
청년부	해피 바이블 스터디	(담당 : 장익 목사)
대학생	창세기 성경공부	(담당 : 김한성 목사)
대학부	성경공부	(담당 : 장익 목사)

9월 23일 전교우 연합체육대회가 매지리 컴퍼스에서 양 대학교회 교우들이 참여한 가운데 열렸다. 11시부터 연합예배를 드렸다. 설교는 김영혜 목사가 요한복음 3장 108절을 가지고 '거듭남의 삶'이라는 설교를 하였다. 예배를 마치고 교제와 공동식사를 나눔 후 체육 활동으로 오후를 보낸 후 귀가하였다.

11월 4일은 추수감사절이었다. 올해에도 추수감사절에는 세례와 성찬 예식이 있었다. 올해 세례는 김명진 교우였다. 그리고 김한성 목사는 감사절 설교로 신명기 26장 1-11절을 가지고 '감사의 조건'이라는 제목으로 설교하였다. 올해 감사절 예배를 위해서 교회 내부 장식은 이루지 성도가, 떡은 이인규 명예권사, 계란은 김춘희 명예권사 그리고 사진촬영은 최준호 교우가 섬겨 주었다. 감사절 예배 후에는 병원 식당에서 공동식사를 통해 교제를 나누며 감사의 마음을 깊이 새겼다. 감사절 예물로 드려진 것은 모두 마가렛 사회 복지회에 전달하였다.

2012년 대학교회의 성탄절 축하 예배가 루가홀에서 있었다. 성경말씀은 요한복음 3장 16-21절이었고, 김한성 목사는 '성탄에 깃든 사랑'이라는 제목으로 설교하였다. 12월 31일에는 대학교회 송구영신 예배가 있었다. 교우들은 히브리서 11장 13-16절을 봉독한 후 한해를 돌아보는 영상물을 보면서 회상과 감사의 시간을 가졌다. 신앙 공동체의 사랑의 교제와 나눔의 시간들을 기억하며 김한성 목사는 '본향을 향하여'라는 제목으로 말씀을 전하였다. 그리고 교우들은 말씀 카드를 하나씩 뽑아서 2013년의 신앙의 지표로 삼기로 하였다.

2012년도 대학교회의 재정은 예산액이 177,028,000원이었고 지출액은 139,560,405원이었다. 지출 항목은 선교비 2천2백만 원, 교육비 2천6백만 원, 예배비 1천 4백만원 운영비 1천 7백만원 등으로 구성되어 있었다.

2) 대학교회의 2013년 사역

2013년 신년도 대학교회의 사역은 표어를 '말씀을 이루는 교회'로 정하고 주제 성구를 골로새서 1장 25절의 '내가 교회의 일꾼이 된 것은 하나님이 너희를 위하여 내게 주신 직분을 따라 하나님의 말씀을 이루려 함이니라'로 택하여 교회의 일꾼으로서 하나님의 사역을 잘 감당하려는 의지를 표명함으로써 시작되었다.

1월 6일 신년주일 예배를 드린 교우들은 이 말씀을 기억하며, 올 한해도 하나님의 선한 일꾼으로 살아 갈 것을 다짐하였다. 김한성 목사는 마태복음 21장 12-17절을 본문으로 '주와 같이 길가는 것'이라는 설교를 통해 올 한해를 예수 그리스도와 동행하는 삶을 살아가자고 설교하였다.

1월 13일과 14일에는 청소년부 겨울캠프가 문막의 오크벨리에서 진행되었다. 또한 교목실이 주관하는 교육 역량 강화 사업의 일환으로 울릉도 봉사활동이 14일부터 18일까지 진행 중이었다. 겨울 세밑 한파가 기승을 부리고 있었으나 교회의 교육과 봉사는 한

2013 성탄칸타타

파를 이겨내며 순조롭게 진행 중이었다.

2월 17일은 대학과 교회학교를 졸업하는 이들을 위한 졸업예배가 있었다. 같은 기간 동안 대학교회와 의과대학이 협력하는 제18차 해외 의료선교가 용석중 교우를 단장으로 2월 14일부터 23일까지 진행 중에 있었다. 교회에서는 200만원의 예산을 편성하여 용석중 단장에게 전달하여 선교 후원금으로 사용하였다.

2011년 12월 13일 제 1차 의료선교 준비 모임이 시작되었다. 2012년 2월 5일까지 5차에 걸친 준비 모임을 통해 단원 선발 의약품 준비, 진료 계획 수립 등 사전 계획을 완료하였다. 의료 선교 단원은 용석중 단장, 김영근 총무, 이윤, 박은영, 김지예, 홍한나, 강미영, 정성애, 추은혜, 권우미, 방연식, 용승현, 김연진, 신성인, 임이삭 등 총 15명이었다. 진료 일정은 2월 16일과 17일에 찔마리에서 진료를 하고, 2월 18일에는 울리뿔에서 진료 활동을 하였다. 그리고 2월 19일에는 섬에서 진료를 하는 일정이었다.

진료 기간 동안 진료한 환자의 숫자는 내과 490명, 치과 236명, 성형외과 179명, 산부인과 73명, 피부과 43명 총 1021명이었다. 전체 재정은 수입이 4천7백만 원, 지출이 4천6십만 원이었다. 여느 해처럼 의료 선교를 통한 봉사활동은 그 지역민들에게 그리스도의 복음을 알리는 중요한 계기가 되었고, 또 참가한 이들에게도 많은 노고에도 불구하고 감동과 감사의 기억이 되었다. 의료선교단은 봉사를 마치고 3월 24일 주일예배를 통해 교회 교우들에게 선교 보고를 하였다.

대학교회는 2013년도 3월을 기해 사도신경과 주기도문의 새번역본을 사용하기로 결정하였다. 원래 한글 성서와 사도신경은 일제 강점기에 번역되어 그 의미의 차이도 많아졌고 현대인의 어법에 맞게 교정될 필요성이 있었다. 대학교회는 이러한 한국교회의 흐름에 맞추어 예배 중에 사용되는 주기도문과 사도신경을 새번역본을 사용하게 되었다.

2013년도 1학기 대학교회 장학생이 선발되었다. 의예과 3명, 의학과 5명, 간호학과 10명 치위생과 1명으로 총 19명의 학생들이 학업에 도움을 받았다. 3월 15일부터 이틀간에 걸쳐서는 찬양팀과 교사 워크숍이 돼지문화원에서 진행되었다.

3월 31일은 부활절이었다. 대학교회의 전통에 따라 이날 세례식과 성찬식이 진행되었다. 이날 세례를 받은 이들은 강지인 교우와 유아세례로 김예진, 김준우, 김준성, 이설아, 이솔아 어린이가 세례를 받았다. 김한성 목사는 마가복음 16장 1-11절을 본문으로 '전에 너희에게 말씀하신 대로'라는 제목으로 설교하였다.

5월 5일 어린이 날이며 어린이 주일에는 초청 강사로 아시아어와나 대표인 이종국 목사가 설교하였다. 이종국 목사는 사도행전 11장 19-26절을 가지고 '주님 한분이면 충분합니다'라는 설교를 하였다. 예배 후에는 '부모님과 함께하는 어와나 파티'가 있었다. 예배를 마치고 나누기 카페에서 진행된 이 프로그램은 작년에 이어 부모님들과 어린이들이 함께 피자도 만들고 가족사진도 촬영하면서 아름다운 추억을 만들었다. 5월 12일 어버이 주일에는 무실동에 있는 아리향에서 교회 어른들을 모시고 식사 접대를 하였다. 전통적으로 어른을 모시는 한국의 풍속과 전통이 기독교의 사랑과 섬김의 정신을 만나 한국적으로 정착한 이 소중한 행사는 가족의 소중함과 이웃 사랑의 정신의 조화를 이룬 행사였다.

5월 26일에는 전교우 야외예배가 있었다. 장소는 오대산 전나무 숲길이었다. 아침 일찍 교회를 출발하여 함께 예배를 드린 후 애찬을 나누고, 오월 오후에 전나무 숲을 산책하며 영성 수련의 시간을 가졌다. 이날 설교는 시편 133편 1-3절을 가지고 임이삭 전도사가 '기쁨이 넘치는 예배'라는 주제로 설교를 하였다.

2013년도 대학교회의 여름행사는 먼저 청소년부 비전캠프가 7월 21일부터 24일까지 태안중앙교회에서 'I Know the God'이라는 주제로 열렸고, 어와나 영어캠프는 7월 29일부터 8월 3일까지 여주중앙청소년수련원에서 '복음을 받으라'라는 주제로 열려 여기에 어린이들을 참가하게 하였다. 8월 12일부터 15일까지 흑산도에서 섬 전도여행을 통해 국내 선교활동을 하였다. 대학부 수련회는 8월 16일과 17일에 걸쳐 망상해수욕장에 있는 동해보양온천 컨벤션호텔에서 열렸다. 2013년 전교우 여름수련회도 망상해수욕장에 위치한 동해보양온천 컨벤션호텔에서 개최되었다. 이번 수련회는 대학교회의 신앙의 전통을 세우자는 내용으로 수련회 주일예배 설교에서 김한성 목사는 사사기 17장 1-6절을 중심으로 설교를 하였다.

8월 25일 주일에는 대학교회 부교역자로 섬겼던 민돈후 목사가 사임하고 9월부터 임하늘 목사가 부임하여 교회 사역에 동참하였다. 임하늘 목사는 부임한 후 일주일 후 교우들과 영적 나눔을 위한 설교를 하였다. 누가복음 15장 17-24절과 로마서 8장 36-39절을 본문으로 '품꾼이 아닌 품 속'이라는 제목으로 설교하였다. 탕자의 비유를 소재로 그리스도인은 품꾼이 아니라 하나님의 품안에 있는 양자요 상속자라는 복음을 전한 설교였다.

2013년도 2학기 성경공부 모임은 네 강좌가 개설되었다. 장년부를 위한 강좌가 두 반 대학생과 청년부를 위한 강좌가 두 반이었다.

- **창세기 성경공부(장년부)**
  김한성 목사, 화요일 6시 30분, 기도실
- **창세기 성경공부(대학생)**
  김한성 목사, 월요일 6시, 교목실
- **성서 인물과 함께 떠나는 영성여행(장년부)**
  임하늘 목사, 금 12시 30분, 기도실

■ 대학부 모임(대학생)

임이삭 전도사, 주일 1시 30분, 의학관 109호

9월 29일 대학교회 장학생 28명이 선발되었다. 대학교회에서는 주일예배가 끝나고 장학생들과 장학위원들이 함께 모여 병원 식당에서 오찬을 나누며 학생들을 격려하고 나눔의 시간을 가졌다.

10월 27일 매지캠퍼스와 의과대학 각 대학교회의 연합친교 행사가 열렸다. 연례적으로 열리는 이 행사는 양 캠퍼스 교회간의 친교와 영적 소통을 위한 행사로, 올해는 체육행사보다 교제와 나눔을 중심으로 진행되었다. 11시에 연합예배를 드리고 중식을 나눈 후 1시부터 1시간 30분 동안 학생식당과 교내 임도를 따라 산책을 하며 교제를 나누었다.

2013년 11월 17일은 추수감사절이었다. 오늘 예배를 위해서 강단 장식을 이루지 교우가, 떡을 이인규 명예권사가, 식사 준비는 김수연, 김필조, 김현찬, 이상희, 최윤희 교우가 봉헌하였다. 김한성 목사는 다니엘 6장 10절과 고린도후서 2장 14-17절을 본문으로 '하나님께 드리는 감사'라는 제목으로 설교하여 감사의 영적 의미를 깊이 되새겼다. 이날 세례식에서는 이혜미, 윤상희 자매가 세례를 받았고, 최두웅 교우가 입교를 통해 교회 공동체에 헌신을 다짐하였다.

12월 25일 성탄절에는 성탄 축하 예배가 있었다. 이날 지난 두 달간 열심히 성가대가 연습한 성탄절 칸타타가 공연되었고, 김한성 목사는 누가복음 2장 8-14절을 가지고 '성탄의 영광과 평화'라는 설교를 하였다. 예배 후에는 나누기 카페에서 어린이 달란트 잔치를 하였다.

12월 27일과 28일에는 대학교회에서 대학교회 찬양팀 예배자학교가 열렸다. 오후 6시 30분부터 진리관 102호에서 열린 이 예배자학교는 찬양으로 예배를 드리고 인도하는 단원들에게 예배자의 마음가짐과 사역 방법을, 복음성가 작곡가인 김영범 선생과 복음성가 가수인 장성민 전도사를 초청하여 강의와 실기를 익히는 시간이었다. 대학교회 찬양팀뿐 아니라 교우들도 예배의 의미를 다시 새기기 위해 이 강좌에 참여하였다.

12월 31일 송구영신 예배에서는 2013년 한 해를 돌이켜 보고 선함과 인자하심으로 인도하신 하나님께 온 교우들이 모여 감사의 예배를 드렸다. 이날 김한성 목사는 요한계시록 21장 1-7절을 본문으로 '새하늘과 새땅을 향하여'라는 설교를 하였다. 진정으로 새로운 세계는 물리적 시간의 경계가 아닌 하나님이 이루시는 새 하늘과 새 땅을 통해 이루어지며 신앙인은 신앙의 눈으로 세계를 바라보아야 한다는 선포였다.

3. 정승우 목사의 부임과 대학교회의 선교

1) 2014년 대학교회의 사역

2014년 3월부터 대학교회 담임 목사로 정승우 목사가 부임하였다. 3월 2일 정승우 목사는 3월 2일 부임 후 고린도전서 7장 29-31절을 가지고 '그리스도의 시간'이라는 첫 설교를 통해 대학교회에서 사역을 시작하였다. 이 설교를 통하여 정승우 목사는 그리스도인의 시간 이해와 그 사용법에 대하여 설교하였다. 일상적 물리적 시간이 존재하는가 하면 인간에게는 그의 생명과 실존의 의미가 담긴 카이로스라는 시간이 성서 안에 존재한다는 것을 소개하면서, 인간은 누구든지 세계와 자기 존재를 확인하는 현존하는 의미의 시간을 발견하는 삶을 살아야 한다고 강조하였다. 그리고 그리스도인에게 가장 중요한 시간의 의미는 다름 아닌 하나님의 현존하심, 하나님이 함께하심을 경험하는 삶이라고 강조하였다. 지금 이 자리에서 하나님이 함께하시는 임마누엘의 신앙을 통해 우리는 생의 가장 깊은 가치 시간의 가장 중요한 의미를 깨닫게 된다는 것이었다.

2014년 대학교회의 표어는 '사랑으로 섬기는 교회'였고, 주제 성구는 골로새서 3장 14절의 '이 모든 것 위에 사랑을 더하라 이는 온전하게 매는 띠니라'였다. 2014년도 교회의 운영을 위한 부서장과 운영위원은 다음과 같이 선임되었다.

예 배 부	조경집
봉 사 부	김기연
청 년 부	김명하
교 육 부	한경희
재 정 부	김춘희
대 학 부	최효원
장 년 부	용석중
친 교 부	김상하
인터넷선교부	홍인수
성 가 대	찬양대장 김용걸, 성가대 지휘 임상순
	성가대 반주 최하은, 관현악 팀장 이상호
찬 양 팀	팀장 김유리, 인도 김남연
교회학교	부장 한경희, 어린이 청소년부 장익
계수위원	김춘희 김명하

대학교회가 2014년 후원하는 선교사는 방글라데시 안미홍-김동연, 이경희-윤호영, 조경아-박경남, 박혜옥-임선웅, 케냐 박리브가-박용원, 짐바브웨 전진경-강동원 선교사였다.

2014년 1학기 대학교회 장학생과 장학위원 모임이 4월 6일 주일 예배 후 열렸다. 교회에서는 기독의료인 양성이라는 사명을 위해 올해에도 장학생을 선발하고 이들이 학업을 무사히 마치도록 도울 뿐 아니라, 더 나아가 다른 사람들을 돕고 섬기는 의료인으로 활동하도록 기독교 정신을 함양하는데 주력하였다.

2014년 4월 20일 부활주일에 교회에서는 부활절 성찬식을 특별히 준비하여 거행하였다. 이날 예배에서 정승우 목사는 요한계시록 21장 3-7절을 가지고 '죽음을 이기는 신앙'이라는 제목으로 설교하였다.

정승우 목사는 이날 설교를 통해 4월 16일 급작스럽게 벌어진 사고로 침몰한 세월호 사망자를 애도하며 유가족들을 위로하는 설교를 진행하였다. 최근 한국 사회에서 벌어진 대형 참사들과 사망 사고로 많은 생명들이 희생된 것을 안타까워하면서, 죽음을 이기시고 부활하신 예수 그리스도를 믿는 죽음을 이겨내는 신앙에 대하여 선포하였다. 아들을 잃고 슬퍼하던 성모 마리아에게 부활의 소식은 주님이 부활이자, 아들의 부활이 되었듯이, 오늘 자녀를 잃은 부모

여름수련회_강릉원주대 해양생물연구교육센터

님들에게 부활의 신앙으로 위로와 소망을 전하는 설교였다.

그리고 부활절을 기념하여 세례식을 통해 오윤경 교우가 세례를 받고, 이하은 어린이가 유아세례를 받았다. 이어 부활절 성찬식을 교우들이 참여하는 성찬식을 드렸다. 그리고 다함께 예수 그리스도의 제자의 삶을 살아갈 것을 다짐하는 공동 기도를 드렸다.

부활절 결단의 기도

은혜로우신 하나님,
주께서 우리를 하늘과 땅의 모든 주님의 백성들과 하나 되게
하셨습니다.
주께서 우리에게 생명의 양식을 먹여주시고
주님의 사역을 위하여 우리를 새롭게 하셨습니다.
이제 우리가 주님의 신실한 제자가 되어
우리 매일의 삶이
주님 나라의 삶의 한 부분이 되게 하시고
주님을 본받아 세상을 섬기게 하옵소서.
그리하여 우리의 사귐 속에서, 그리고
가난한 이웃 속에서 그리스도의 얼굴을 발견하게 하옵소서.
우리 주 예수 그리스도의 이름으로 기도합니다. 아멘.

2014년 4월 16일 진도 앞바다를 항해하던 세월호가 불의의 참

사로 침몰하면서 304명의 승객들이 사망하는 일이 발생하였다. 이 소식을 접한 대학교회는 긴급하게 5월 11일 특별헌금을 모았고, 예산 중에서 추가하여 2백만 원을 세월호 피해자들을 위한 후원금으로 전달하였다.

5월 4일 어린이 주일에는 서울기독대학교의 손원영 목사를 초청하여 예배를 드렸다. 손원영 목사는 마태복음 18장 1-5절 말씀을 통해 '어린이를 넘어서, 어린이를 향해서'라는 제목으로 어린이 사랑의 기독교 교육학적 관점과 방법을 소개하였다. 5월 11일 어버이 주일에는 교회 어른들에게 카네이션을 달아드리고 오대산 정식에서 식사 대접을 하였다.

5월 25일에는 대학교회 전교우 야외예배가 가나안농군학교 가나안지도자교육원에서 열렸다. 이날 정승우 목사는 창세기 1장 27-28절을 가지고 '자연의 선한 청지기'라는 제목으로 설교하였다. 인간이 자연의 지킴이로서 하나님의 부르심을 받았고 특히 현대와 같은 자연 파괴의 현상을 보며 지속가능한 문명을 위해서는 그리스도인들의 선한 청지기 역할이 시급하다는 것을 역설하였다. 이날 교회에서는 점심 식사를 준비하여 공동식사를 하였고, 간식으로 떡은 이인규 명예권사가, 수박은 정우선 교우가 제공하였다.

2014년 7월 6일 대학교회 30주년 기념사업위원회가 열렸다. 이날은 특히 지난 대학교회 30년을 돌아보며 대학교회 30년 역사를 정리할 필요성이 제기되어 이를 진행하기로 하였다. 7월 13일에는 가칭 [연세대학교 원주의과대학 대학교회 30년사]의 집필자로 선정된 박종현 목사가 대학교회를 방문하여 설교를 하였다. 예배가 끝난 후에는 오대산 산채정식에서 대학교회 30주년 기념사업위원회 위원들이 회합하여 30주년 기념사업에 대해 논의하였다.

2014년 8월 9일과 10일 대학교회 전교우 여름수련회가 강릉원주대학교 해양생물연구교육센터에서 개최되었다. 이날 설교는 연세대학교 신과대학 권수영 목사가 마가복음 1장 40-45절을 중심으로 '예수님의 아주 특별한 힐링'이라는 설교가 있었다. 이 수련회를 위하여 간식으로 이인규 명예권사가 떡을 제공하였고, 김종욱, 최선주 교우가 차량 지원을 하였다. 수련회는 모두 51명이 참가하여 성황리에 진행되었다.

가을이 되면서 대학교회는 10월 12일에 장학위원회와 장학생들의 모임이 있었다. '춘천닭갈비'에서 모임을 갖고 학생들을 격려하고 기독인의 사명과 봉사에 대하여 나눔의 시간을 가졌다.

11월 2일 늦가을 매지캠퍼스와 의과대학의 대학교회는 연합예배를 드렸다. 주제는 '하나 마음과 한 목소리로'였다. 주제 성구는 로마서 15장 6절이었다. 이번 연합예배는 가족 찬양 예배로 약 한달 전부터 양 교회에서 준비를 해오고 있었다. 설교는 매지캠퍼스 대학교회의 박정진 목사가 에베소서 4장 1-6절을 가지고 '거룩한 주'라는 제목으로 설교를 하였다. 먼저 양 교회 교우들이 반갑게 인사를 나눈 후 대예배실에서 연합예배를 드렸다. 그리고 가족찬양제를 가진 후 학생식당에 모두 모여 식탁 교제를 나누었다.

11월 16일은 추수감사절이었다. 금번 추수감사절에는 세례식과 성찬식을 성탄절로 늦추고 감사절 예배로만 드리기로 하였다. 정승우 목사는 시편 126편 5-6절과 하박국서 3장 17-18절을 중심으로 '기쁨으로 거둘 단'이라는 감사절 설교를 하였다. 이 설교를 통해 정승우 목사는 우리 한국교회가 지키는 추수감사절이 미국에 처음 도착한 청교도들의 역사에서 기원한 것임을 소개하였다. 그리고 감사하는 마음과 감사의 삶이 그리스도인들에게 주어진 진정한 존재의 방식이라는 것을 강조하였다. 특히 현대 사회가 개인의 사적 소유와 재산의 축적에 가치관의 중심이 있기 때문에, 감사를 하나님이 내게 해주신 것에 대해서 감사하는 경향이 있지만 사실은 하박국 선지자의 고백처럼 그리스도인의 감사는 그럼에도 불구하고 감사하는 마음과 자세로 살아가야 한다고 감사의 진정한 의미를 소개하였다. 감사절 예배가 끝난 후에는 병원식당에서 전교우 공동식사가 있었다.

12월이 되면서 대학교회는 성탄절을 준비하기 시작하였다. 성탄절에 칸타타를 공연하지 않고 작년부터 시행하던 전교우 찬양예배를 위하여 연습이 시작되었다. 그리고 성탄절에 베풀어질 세례와 성만찬을 위한 준비를 하였다. 12월 21일 졸업 예배를 드리고 25일에 성탄절을 맞아 성탄 축하 예배를 드렸다. 금번 성탄절에는 정승우 목사가 누가복음 2장 1-7절을 가지고 '구유에 뉘인 아기 예수'라는 제목으로 설교하였다.

정승우 목사는 이 설교를 통해서 우리 그리스도인들이 구주로 믿고 고백하는 예수 그리스도는 십자가에서 처형당하실 때에만 인간 사회에서 소외를 받으신 것이 아니라, 이미 말구유에 뉘실 때에 그리고 선교 여행을 통해 인자에게는 머리 둘 곳도 없다고 선언하실 때 이미 소외를 경험하셨다고 진술하였다. 오늘 성탄절은 소비와 향락의 날로 변질되고 만 것을 보며 우리 그리스도인들은 길과 소망을 잃고 살아가는 만은 이웃들 소외된 이들에게 다가서야 할 것을 강조하였다. 왜냐하면 성탄절은 파괴되어 가는 세계에 침투하여 오시는 하나님의 날이며 하나님의 사건이기 때문이라고 성탄절의 의미를 선포하였다. 그리고 설교 후에는 성찬식을 거행하였다. 성찬식을 마치고 대학교회의 모든 교우들은 다함께 성탄 감사의 기도를 드렸다.

> 권능의 하나님,
> 우리를 구원하시려고 오신
> 예수 그리스도를 감사하며 찬양합니다.
> 예언자들의 희망과 천사들의 노래,
> 그리고 베들레헴에서 예수님 탄생을 감사드립니다.
> 예수님 안에서 우리와 같은 육신이 되셔서 우리 가운데 함께 하심과,
> 우리와 같은 상처와 기쁨을 나누심을 감사합니다.
> 주님의 사랑을 생각하며 영광을 돌립니다.
> 영원하신 하나님, 온 세계의 주님,
> 왕의 왕이신 예수 그리스도를 통하여

세세토록 영광을 돌려 드립니다.

예수님의 이름으로 기도 드립니다. 아멘.

성탄절 축하 예배를 마치고 교우들은 로비에서 다과를 나누며 성탄의 기쁨을 나누었다. 다과는 이인규 명예권사가 떡을, 정우선 교우가 과일을 봉헌하여 성탄의 기쁨과 감사를 나누었다. 예배 후에는 어린이들이 나누기 카페에서 달란트 잔치를 열었다.

12월 31일 2014년을 마치고 새해를 바라보며 대학교회는 송구영신 예배를 드렸다. 먼저 한해를 돌아보며 회상과 감사의 시간을 가졌다. 그리고 정승우 목사는 신명기 26장 5-9절을 가지고 '구원의 기억'이라는 제목으로 설교하였다. 설교를 마친 교우들은 새해를 맞이하는 촛불을 밝히고 서로 평화의 인사를 나누었다. 그리고 사랑의 주님, 위로의 주님, 소망의 주님, 평화의 주님, 공의의 주님의 이름을 높이 부르며 공동 기도를 드렸다.

2) 2015년의 창립 30주년의 대학교회

2015년은 연세대학교 원주의과대학교회 창립 30주년을 맞이하는 해이다. 돌이켜 보면 모든 것이 하나님의 은혜였다. 교회가 설립되고 여러 번의 어려움을 이기고 맡겨진 사명을 감당하며 지난 30년 동안 지내 온 것은 진실로 하나님의 은혜였다.

2015년 1월 4일 대학교회는 전 교우들이 함께 모여 신년예배를 드렸다. 올해의 대학교회 표어도 '하나님의 사랑을 실천하는 교회'였다. 정승우 목사는 마태복음9장 14-17절을 가지고 '새 포도주는 새 부대에'라는 제목으로 설교하였다. 새로운 존재로서 그리스도인이 새로운 시간을 맞고 새로운 삶을 살아가자는 신앙 고백을 설교를 통해 나누었다.

제20차 해외 의료선교가 2월 6일부터 13일까지 방글라데시 찔마리에서 진행되었다. 단장은 조성민 교수였고, 총 18명의 단원들이 참가하였으며, 대학교회에서도 정승우 목사를 비롯한 여러 교우들이 의료봉사에 참여하였다. 교회에서는 열대 지역에 사는 방글라데시 어린이들을 위하여 크록스 샌들을 모아 봉사 지역에 가지고 가서 나누어 주었다.

대학교회는 3월 1일 3 · 1절 기념 예배를 드렸다. 우리 민족의 자주와 독립을 외쳤던 자랑스러운 역사를 기억하며 그 정신을 오늘에 되살리기 위하여 예배를 드렸다. 이날 정승우 목사는 출애굽기 15장 1-5절을 가지고 '출애굽의 함성'이라는 주제로 말씀을 전하였다. 구약성서에서 가장 중요한 사건이 출애굽 사건이었고 우리나라 근대사에서 출애굽에 비견할 만한 사건이 3 · 1운동이었다. 정승우 목사는 고대 구약성서의 예언자들이 하나님의 종이며 동시에 불의에 항거한 애국자들이었음을 상기시켰다. 마찬가지로 우리나라에서도 이용도, 전덕기, 주기철, 길선주 목사 등 한국의 개신교인들이 3 · 1운동을 주도하며 희생함으로써 민족과 조국의 독립의 씨앗이 되었던 그 역사를 기억하며 3 · 1운동을 왜 한국교회가 기억하며 지켜야 하는가를 역설하였다. 그 역사의 전통 속에 연세의 기독교 정신이 있고, 원주 의과대학의 기독교 정신이 뿌리를 두고 있음을 강조하며, 오늘 한국의 그리스도인의 역사적 사명과 원주의과대학교회의 사명을 되새기는 설교를 하였다.

3월 9일부터는 월요 성경강좌가 새로운 주제로 개설되었다. 이번 학기 주제는 '새롭게 열리는 약속의 세계: 신약성서 새롭게 읽기'였다. 또 3월 8일은 여성의 날 기념예배로 매지캠퍼스 교목 김영혜 목사가 의과대학교회에 초청되어 설교를 하였다. 김영혜 목사는 민수기 27장 1-11절을 본문으로 '슬로브핫의 딸들'이라는 설교를 하였다. 출애굽 시대의 배경이 청동기 시대임에도 불구하고 자신의 권리를 당당하게 외친 슬로브핫의 딸들의 이야기를 통해 여성의 권익 신장의 필요성을 역설하는 말씀이었다.

4월 5일 부활절에는 매지캠퍼스 대학교회와 원주의과대학 대학교회가 연합예배를 드렸다. 그간 의과대학 대학교회는 부활절에 성찬식과 세례식을 진행하였는데 올해는 양 교회가 연합예배를 드리게 되었다. 이날 연합예배에서는 함께 예배드릴 뿐 아니라 공동식사와 공동성찬식을 가져 양 교회의 영적 교제와 연합을 굳건하게 하였다.

가정의 달인 5월을 맞이하여 대학교회는 어린이 주일과 어버이 주일을 지켰다. 5월 3일 어린이 주일에는 어린이를 위하여 정승우 목사가 마가복음 10장 13-16절을 중심으로 '하나님 나라의 어린이'라는 제목으로 설교하였다. 정승우 목사는 우리나라에 어린이날

이 제정된 역사를 소개 한 후 한국에 어린이 인권이 많이 신장되었지만, 아직도 사회 여러 곳에서 그리고 세계 여러 곳에서 어린이들의 인권이 짓밟히고 있는 현실을 소개하였다. 그리고 2천 년 전 팔레스타인에서도 어린이는 소유물로 간주되고 소외되었던 것을 상기시켰다. 그리고 예수께서는 바로 그런 어린이들을 하나님 나라의 주인으로 소개하고 어린이 사랑을 중요하게 부각시킨 것을 강조하며 오늘 우리 그리스도인들을 중심으로 어린이들에 대한 사랑을 강조하고 실천하여 예수님의 계명을 지켜나갈 것을 강조하였다.

다음 주일은 어버이 주일로서 이지현 목사가 마다복음 3장 31-35절과 에베소서 6장 1-4절을 본문으로 '기독교의 효'라는 주

부활절연합예배(원주의과대학-매지캠퍼스 대학교회 연합예배)

제로 말씀을 전하였다. 예배가 끝난 후에는 교회에 출석하시는 일흔 넘으신 어른들을 모시고 만나 막국수에서 점심 식사를 대접하는 시간을 가졌다.

5월 17일에는 2015년도 대학교회 봄 철 야외예배를 드렸다. 장소는 신림면에 소재한 가나안농군학교 가나안지도자교육원이었다. 이날 정승우 목사는 창세기 1장 28절을 가지고 '자연의 청지기'라는 제목으로 설교하였다. 예배 후에는 온 교우들이 함께 숯불구이로 공동식사를 하였고, 이 야외예배를 위해 이인규 명예권사는 떡을 제공하여 야외예배를 풍요롭게 하였다.

6월 7일 주일예배 후에는 교회학교 어린이들의 달란트 잔치가 있었다. 장소는 더 나누기 카페였다. 교회에서는 어린이들을 격려하기 위하여 교우들이 참석하여 어린이들의 교회 생활과 성경 배우기를 칭찬하고 격려하는 시간을 가졌다.

2015년 8월 8일과 9일간 대학교회는 강릉원주대학교 해양생물연구교육센터에서 2015년도 전교우 여름수련회를 가졌다. 8일 오후 장소에 도착한 교우들은 교회학교를 중심으로 바닷가에서 물놀이를 한 후 저녁에 특강을 들었다. 강사는 대학교회 30주년사를 집필하고 있는 박종현 목사였다. 박종현 목사는 먼저 연희전문의 설립 과정과 연세대학교의 기독교 연합 정신의 역사에 대해 소개하였다. 그리고 대학교회가 걸어온 길이 하나님의 인도하심이었으며 앞으로도 하나님의 안도하심을 바란다면 교회의 사명과 비전을 올바르게 걸어갈 것이라고 강의하였다.

8월 13일부터 15일까지는 대학교회 대학부 전도여행이 강원도 정선 지역에서 진행되었다. 농촌 지역에서 봉사활동과 복음전도를 실시하고 특히 대학생들 뿐 아니라 중고등부 학생들도 참여를 권유하여 청년기에 하나님의 복음을 위해 헌신하는 모습을 배우고 익히는 기회로 활용하였다.

IV. 나가는 말

    연세대학교 원주의과대학 대학교회는 연세대학교의 기독교대학의 전통과 원주지역에서 시작되었던 감리교와 장로교의 선교 및 의료 봉사의 전통에 그 뿌리를 두고 있다. 하나님의 섭리에 의하여 원주에 연세대학교 원주의과대학이 자리를 잡았고 그곳에 원주 지역의 기독교적 전통이 연합의 형태로 나타나게 되었다.

    그리고 1985년 대한민국의 민주화 운동이 절정에 이르렀을 때, 그리고 경제성장이 지속되어 한국의 중진국의 대열에 들었기 시작할 때, 연세대학교 원주의과대학이 영서 지역의 중추적 의료기관이며, 의학교육 기관으로 자리를 잡아갈 때 연세대학교 원주의과대학 대학교회는 신앙공동체로서 모임을 시작하였다. 박정세 목사, 정석환 전도사를 중심으로 교역자들이 구성되고 의과대학교우들과 인문대학의 교역자들이 협력하여 대학교회는 그 사역을 시작하였던 것이다.

원주의과대학 대학교회는 한국을 대표하는 기독교대학 연세대학교에 의과대학에 소속된 유일한 대학교회로서 그 사명을 이루어 왔다. 우선 가장 중요한 사명인 기독의료인 양성이라는 과제를 이룩하기 위해 의과대학과 대학교회는 긴밀하게 연결되어 기독교정신을 의학교육에 기초를 놓기 위한 노력을 쉬지 않았다. 교목실에서 채플과 기독교과목 그리고 학생들의 자율적 기독교 동아리활동이라는 세 방향으로 대학생들의 기독교 정신을 위한 교육이 공식적 비공식적으로 이루어졌다면, 대학교회는 주일예배와 성경공부 및 장학사업 대학생들의 교회를 통한 기독교 공동체 경험을 통해 상호보완적인 역할을 하였던 것이다.

이러한 의과대학과 대학교회의 상호보완 협력적 관계를 토대로 기독 정신을 방탕에 둔 의료인 양성은 해외 의료봉사활동, 의료 선교지원, 국내 선교봉사, 지역 사회 봉사로 확장되면서 사명의 실천을 구체화하여 왔다.

대학교회는 가장 첫 번째 사명인 기독 의료인 양성의 실천 외에 지역 교회로서의 역할을 감당하는 데에도 주력하여 왔다. 특히 2000년대 이후 교회의 각부서의 조직과 제직의 임명을 통해서 대학교회이면서 지역 교회로서 지역 사회를 위한 선교 및 봉사 그리고 신앙의 내실화를 위한 여러 형태의 성경공부 및 교회학교의 발전 각 부서의 발전을 통해 교회 공동체로서의 내적 충실을 기해 왔다.

한국교회의 역사를 거시적으로 볼 때 1980년대부터 1990년대

중반까지는 고도 성장기였다. 한국사회가 그랬고 한국교회가 또한 그랬다. 2000년대부터 교회의 성장 속도는 서서히 느려지기 시작하였고, 2010년대에는 정체기를 맞이하기 시작하였다. 교회는 마치 한국사회의 리트머스 시험지처럼 약 10여년 정도 앞서서 한국사회의 지표들을 보여주기 시작하였다.

대학교회도 비슷한 시기에 어려움을 겪었다. 1990년대 후반 김영호 목사의 사임 이후 교회는 존폐의 기로에 설만큼 어려웠던 시기를 겪었다. 대학교회의 목회자를 의과대학 교목실에서 파송하기 때문에 자급적이고 자율적으로 목회자를 청빙하지 못하는 대학교회의 제도적 한계가 드러나는 시기이기도 하였다.

그러나 2000년도 이후 교회는 박정진 목사와 임걸 목사를 파송받아 빠르게 교회는 안정을 되찾고 부서와 제직을 세웠으며, 교회의 사명과 비전을 다시 수립하면서 재도약의 기회를 만들 수 있었다. 2010년대에 들어서는 이후 박정진 목사의 대학교회 사역과 김한성 목사의 사역 그리고 정승우 목사의 사역으로 시대적 소명을 찾아가기에 충실하려 노력하고 있다.

이제 원주의과대학 대학교회가 창립 30주년을 맞이하고 있다. 사람의 나이로 치면 청년기로서 가장 왕성하게 활동하는 시기라고 할 수 있다. 그러나 한국 사회의 현실은 녹녹치 않게 변하고 있다. 과거의 방식들이 잘 작동하지 않는다는 것을 우리는 경험하고 있다. 새로운 변화, 본질적인 변화를 요청받는 시대를 살아가고 있다.

우리 그리스도인의 신앙에는 세상에서 일어나는 사건들은 질문의 형태로 발생한다고 본다. 그리고 그것에 대한 대답을 부활하신 예수 그리스도 안에서 찾으며, 그의 가르침과 그의 삶이 세상에서 일어나는 모든 문제의 대답의 근원이라고 믿는다. 답을 찾으면 신뢰하고 신뢰한 후에는 헌신을 통해 세상에 답을 주는 것이 그리스도 교회의 사명이라고 믿는다. 원주의과대학 대학교회는 그렇게 묻고 대답하는 법을 배워왔다. 그러므로 다가오는 50주년 더 나아가 100주년을 그렇게 걸어갈 것이다.

부록

1. 교우들의 대학교회 회고담

2. 원주의과대학 대학교회 연표

3. 대학교회 현황

   1) 역대 담임 교역자

   2) 역대 부교역자

   3) 조직 현황

   4) 주요 활동 내용

4. 연세대학교 원주의과대학 대학교회 장학생의 약속

5. 연세대학교 원주의과대학 30주년 비전선언문

"대학교회와 나의 체험"

유재하
치과학교실

"눈물을 흘리며 씨를 뿌리는 사람은 기쁨으로 거두리로다, 울
며 씨를 뿌리러 나가는 사람은, 정녕 기쁨으로 단을 가지고 돌
아오리로다."

대학교회 30주년을 맞이하여 회고와 반성, 그리고 전망에 관한
글을 쓰려니까 시편 126편 5-6장이 먼저 떠오릅니다. 누구나 30년
이 되면 나름대로 체험을 정리할 수 있겠지만, 저의 경우는 연세대
학교 입학에서부터 대학교회와 맺은 인연을 생각하니 약 40년이
되어서, 신촌 연세대학교회에서부터의 체험을 적어 봅니다.

저는 고향이 우리나라에서 가장 보수적인 고장인 경북 안동의 하회마을인데다, 연세대학교에 진학할 때까지 교회에 다닌 적이 없어서, 연세대학교가 기독교 대학인 지도 모르고 입학을 했습니다.

초등학교때 반 친구들 가운데 가끔 마을 교회에 다니는 어린 학생이 소수 있었지만, 이들은 집안 형편이 복잡하거나 가난한 학생이었고, 소위 양반출신 학생은 거의 교회를 사갈시 했습니다. 가장 큰 이유는 조상님에 대한 제사를 지내지 않는다는 것이었고, 다음은 "남녀칠세부동석" 때문이었습니다.

1974년! 청운의 꿈을 안고 입학한 대학교에 강의시간표를 보니 채플시간이 있어서, 친구에게 "채플이 무엇인지"를 질문했더니, 대답은 않고 웃기만 해서, 내가 너무나도 상식적인 것을 모르고 있었다고 생각하고, 영어사전을 찾아본 기억이 납니다.

채플 시간에 가서 예배를 보고나니, 너무나 새로운 의식이라 약간 당혹스러웠는데, 강의 시간에 "기독교개론"이 있어서, 필수 과목이라 강의를 들으면서, 조금씩 기독교에 대한 이해의 폭을 넓혀 갔습니다.

그러던 중 같은 학과의 친구가 "우리 일요일날 대학교회에 가서 예배를 한번 안볼래? 일요일날 심심한데 교회에 가면, 좋은 말씀과 음악도 듣고 마음에 안식이 있으니, 객지 생활하는 우리같은 지방 학생은 좋지 않을까?" 하고 계속 권해서, 참석을 가끔씩 했습니다.

처음에는 예배를 매 주일 드린다는 것이 번거롭고 다소 어색했는데, 친구들 따라 매주 예배를 드리고 나니, 뭔지 모르는 평안한 마음이 들고, 학교에 대한 애착도 생기며, 일요일에 도서관에서 공부를 하다가 오전 11시가 되어서 교회 종소리를 듣고 예배를 드리고 나면, 심신의 개운함으로 학교 공부에도 큰 도움이 되었던 것 같습니다.

요즈음도 그렇지만, 그 당시에는 의대나 치대 학부 과정에서는 낙제를 많이 시켜서, 학교 공부 이외의 사생활은 거의 꿈도 꿀 수 없을 정도였으니, 특히 젊은 날에 주변의 많은 유혹과 갈등이 많은 시기에 학문에 전념하면서도 도덕성을 유지하며, 고독감이나 우울감을 덜어 줄 수 있었던 것은, 대학시절 채플시간과 대학교회 생활의 가르침 덕분으로 생각됩니다.

특히 저의 경우는 기독교개론 시간에 초빙 교수로 오신 김흥호 교수님(당시 이화여대 교목님)께서 "주기도문과 산상수훈"에 관한 강의를 하시면서, 우리나라의 전통 종교인 샤머니즘, 불교, 유교의 관점과 기독교적 관점을 같이 강해해 주셔서, 종교에 대한 폭넓은 이해를 갖는데 큰 도움이 되었습니다.

하지만 당시만 해도 제가 "기독교인"이라는 생각보다는 유교적인 전통을 지키는 데 익숙해 있어서, 집안의 제사 의례를 지낼 때는 다른 가족들과 함께 똑같이 의식 절차를 따랐고, 친구들과의 모임에서는 술도 마시고… 등등 세속적인 풍습에 익숙해 있었기에, 기독교인이라고 할 수 없었습니다. 그러던 중 학년이 올라가서 졸업 무렵이 되었을 때, "세례"를 받아야 전공의 선발에 유리하다는 소문이 있어서 세례를 신청해야 되는데, 매 주일 대학교회 예배에 참석은 많이 했지만, 세례교인이 되는 것은 마음에 부담이 되어서, 부모님께 상의를 드리기로 했습니다. 즉, 우리집 전통이 안동 양반 가문인데, 제가 세례를 받고, 기독교인이 되어도 괜찮을지를 여쭈어 본 것이지요. 그랬더니 어머님께서 가문의 전통을 지키는 것도 중요하지만, 병원 생활에 도움이 된다면 너는 둘째 아들이니 네가 원하면 세례를 받으라고 해 주셔서 얼마나 안심이 되었는지 모릅니다. 사실은 어머님께서도 미국에 이민가셔서 고생스레 사시는 누님께서 독실한 크리스찬이 되셔서, 어머님께 전도를 열렬히 했던 관계로, 제가 기독교인이 되는 것에 대해서도 너그러이 이해를 해 주신 듯 합니다.

이런 과정을 거쳐 연세대학교 치과대학병원 구강악안면외과 전공의 수련 과정을 이수하면서, 바쁜 일정 속에서 연세대학교회 예배에 틈틈이 참가했던 것이 밑거름이 되어, 군의관 복무를 마치고 1986년 이곳 원주의과대학 원주(세브란스)기독병원 치과학교수 겸 치과과장으로 발령을 받게 되었습니다.

전공의 수련과정 중 원주기독병원에 파견 근무를 했던 경험이 있었지만, 교수로서 모든 책임을 지고 한 과를 운영하는 데는 어려움이 있었고, 가정적으로도 신혼 초에 모든 가족들이 원주로 이사를 와서 낯선 생활을 하는데 고충도 좀 있었습니다. 하지만 대학시절 본교 대학교회 전도사님으로 오랜 기간 봉직해 오시던 박정세 목사님께서 1985년도에 원주의과대학에도 대학교회를 창립하셔서, 계속 대학교회를 다닐 수 있게 되어, 원주 생활에 적응하는데 큰 도움이 되었습니다.

하지만 대학교회가 초창기이고, 예배 참석 인원이 적어서 호젓함(?)을 견디기 어렵고, 교인이 적다 보니 예배 관련 역할도 많이 감당해야 되기에 부담이 되어서, 교인들이 많은 원주의 대형교회 예배에도 참석해 보았습니다. 하지만 대학교회만 장기간 다닌 탓에 동네 교회에 가서 주민들과 어울리는 것도 어색했고, 병원 치과 근무 형편상 주말 응급환자들이 많아서, 교회에서 많은 시간을 보낼 수도 없었기에 병원 과외 근무를 예배로 생각하고, 다시 대학교회 예배에만 참석을 했습니다.

이 때 박정세 목사님 주관으로 점심시간을 이용해서 교수 성서 모임을 가져서 "현대인과 기독교", "TBC 성서연구" 등의 교재를 가지고 성경공부와 토론시간을 가졌는데, 기독교 교리에 대한 이해가 부족했던 저에게는 큰 은혜가 되었습니다. 아울러 전도사님으로 계셨던 정석환 부교목님께서 전 교직원을 대상으로, 성경 내용을 강의식으로 열정적으로 풀이해 주셔서 큰 보탬이 되었습니다. 그러던 중 1992년 1월에 교목실과 원주시 기독의사회 주관으로 제1차 해외 의료선교로 방글라데시 의료 봉사활동이 있어서 참석하게 되었습니다. 그곳에 가서 선교사님들의 피땀어린 사역 활동을 보고 의과대학생을 비롯한 모든 단원들이 크게 감명을 받아, 신앙생활의 소중한 의미를 깨닫게 되었습니다.

세월이 흘러 교목님도 박정세 교목님께서 본교 교목실로 전근되시고, 미국 콜롬비아 대학에서 신학박사 학위를 받으신 김영호 교목님이 부임하셨고, 정석환 목사님은 미국 유학에 올랐으며, 김승환 부교목님 부임 등 계속 인사이동이 있었습니다.

당시 인상적인 기억으로는 김영호 교목님께서 과거 서울 청계천 두레마을 빈민선교 활동에 참여했던 경력이 있어서, 친분이 있던 두레마을 김진홍 목사님을 초청해서, 신앙강화주간 행사 집회를 했던 것입니다. 이때 오랜 기간 빈민선교의 체험이 있던 분의 간증집회인지라 원주시민들까지 너무 많은 인원이 참석해서, 대학교회 강당에서 예배모임을 할 수 없어서 원주제일감리교회로 장소를 옮겨서 3일간 간증집회를 했던 기억이 새롭습니다.

나중에 전해들은 소식에 의하면 김영호 교목님은 인천광역시 소재 교회에서 사역을 하시다가 안식년에 베트남 선교를 가셨는데 (김 목사님께서 군인시절 베트남 파병을 가셔서 베트남 전투에서 무차별 공세를 퍼부은 과오를 회개하고, 그리스도의 복음을 전파하시려고), 풍토병에 걸려서 순교를 하셨다고 들어서 무척 애석한 마음이 들었습니다. 김 목사님은 재직시절 예수님의 말씀만을 성경에서 컴퓨터로 찾아서 정리한 "예수 어록" 단행본을 편찬해서, 성경공부도 시켜주셨는데……. 삼가 고인의 명복을 빕니다. 영어 속담에 "Out of sight, Out of mind"란 구절이 있듯이, 선교사님이나 목사님 같은 성직자 분들의 사역 현장을 직접 눈으로 보고, 현장체험 간증을 듣는 것이 신앙생활에 큰 도움이 되는 듯합니다.

이런 면에서 우리 대학교회도 선교사님들에게 후원을 아끼지 않고, 의과대학 학생들의 신앙지도 교육에 솔선수범함으로써, 본연의 하나님 사명을 다함이 소중해 보입니다. 다만 아무리 좋은 사명이라고 하더라도 과욕을 부리지 말고, 한 단계 한 단계 차근차근 업무를 추진함이 중요한 것 같습니다.

저의 경우 약 6년 전 병원 근무에서 연장근무를 수시로 하면서 과원들을 독려하고, 학회 업무에서도 단기간에 많은 성과를 내고자 무리한 생활을 하면서, 오히려 대학교회 예배나 성경공부 등 신앙생활에는 소홀히 했던 관계로 악성 임파선암을 앓아서 아직까지도 투병 중이기에, 단계적인 노력의 중요성이 크게 느껴집니다. 이 지면을 빌어서 제가 암투병 생활로 극도의 시련을 겪을 때, 대학교회 임 걸 담임목사님과 교인 분들이 교직원들과 함께 치유를 위한 기도회를 열어주시고, 물심양면으로 큰 도움을 주셔서 다시금 감사를 드리며, 빚진 자의 심정으로 진정한 크리스찬이 되고자 노력할 것을 다짐하고 있습니다.

아울러 암투병으로 장기간 항암제 투여로 입원생활을 할 때 많은 노고를 해주신 모든 의료진들(이들 가운데는 대학교회 교인도 있고, 특히 신촌 세브란스병원 골수 조혈모세포 이식병동의 원주 의대 간호학과 출신 간호사, 헌혈에 참여해준 치위생학과 학생과 치과대학생 등)에게 크게 감사드리며, 하나님의 가호가 있기를 빕니다.

마지막으로 권면하고픈 것은 의학이나 치의학관련 학문을 전공하는 학생들은, 이 학문의 뿌리가 서양의 종교와 긴밀한 관계에 있으므로, 서양 학문의 근본을 이해하는데 중요한 가르침을 채플시간이나 대학교회 생활을 통해 체득함이 매우 소중하리라 사료됩니다.

"대저 생명의 원천이 주께 있사오니, 주의 광명 중에 우리가 광명을 보리이다"(시편 36:9). 이 글귀가 동판으로 원주의대 기도실 위에 새겨져 있으니까요.

그리하여 기독교와 서양의학을 우리 고유의 전통 문화와 접목을 해 나가면 또 하나의 창조적인 하나님의 작품이 탄생될 것만 같습니다. 구구절절이 옳고 반전이 많은 드라마틱한 성경구절을 읽고 예배에 충실하면서 의료인의 본업에 매진함이 우리의 본분이기에, 과거를 회상하면서 현재에 충실하고, 미래의 찬란한 꿈을 펼쳐나갈 것을 대학교회 30주년을 맞아 다짐해 봅니다.

아울러 원주의과대학이 원주세브란스기독병원과 연합된 의료원 체제로 움직이는 만큼 학생들뿐만 아니라 병원의 호스피스 관계자, 자원 봉사자 등에도 관심을 가져서, 진정한 의과대학 교회로 거듭나기를 기도합니다.

감사합니다.

아! 우리들의 대학교회

정순희
병리학교실 교수

우리 연세대학교 원주의과대학에 온 학생들 중 믿음을 가진 학생들은 믿음을 잘 유지하고 키워나갈 수 있도록, 믿음이 없이 입학한 학생들은 믿음을 가질 수 있도록 돕는 역할을 할 수 있으면 좋겠다는 소망을 가지고 1999년 2월, 우리 가족은 대학교회로 출석교회를 옮겼다.

1999년 1월 사은회를 마치고, 병원 주변 찻집에서 2차 모임을 가지면서 우리 담임반 학생들과 담임반 교수님께서 참석하지 못한 학생들 모두 함께 대화를 나눌 수 있는 기회를 가졌다. 그 가운데 졸업을 앞둔 우리 학생들의 고백 중 가장 마음이 아팠던 것은 '연세대학교가 선교사님들께서 세우신 대학이어서 원주의과대학에 합격을 하여 좋은 믿음의 일꾼이 되고 싶다고 기도하며 입학하였는데, 졸업을 앞 둔 지금은 주일예배도 거의 드리지 않고 있다'는 이야기였다. 이십여 명 참석자 중 대부분이 그렇다고 하였다. 어떻게 이런 일이….

오십여 년 전 일가(一家) 김용기 장로님의 강연회를 다녀오신 후 완고한 유교 집안의 어른이셨던 우리 할아버지께서 가나안 정신에 감복을 하시어 하나님을 믿고, 우리 집안의 믿음의 조상이 되셔서 교회를 다니기 시작하였다. 그러니 초, 중, 고등부 시절 나의 신앙을 키워준 제일감리교회를 떠나서 출석 교회를 옮기는 일은 쉬운 일이 아니었다. 대학시절 친정집 근처에 제일감리교회에서 중앙감리교회를 개척하여 그곳으로 출석하기는 하였어도, 결혼을 하면서 다시 제일감리교회에 출석하여 결혼식도, 아이들의 유아세례식도 모두 올린 교회였기에 많이 고민하였다. 그러나 어머니 교회 같은 제일 감리교회이기에 이제 그곳에서 성장한 우리 가족을 연약한 원주의 과대학 대학교회로 파송하는 일이라고 생각하며 대학교회에 출석 하기로 결정하였다.

처음 예배드리러 온 주일 아침 예배시간의 모습은 지금도 눈에 선하다. 휑하니 넓은 루가홀에 김승환 부원목님 가족과 성가대원 여섯 명을 합하여 이십여 명 내외의 교우들이 예배를 드리고 있었다. 가슴이 많이 아팠다..

예전에 박정세 교목님께서 대학교회에 오라고 말씀하셨을 때, 지역 교회를 섬기고 있는데 왜 자꾸 그런 말씀을 하시는지 그때는 이해하지 못하였다. 그런데 이제는 이 대학에 교수라는 귀한 직분 으로 부름 받은 자로서 해마다 보내주시는 신입생들을 주님의 일꾼으로 잘 키우고, 또 해마다 졸업하는 우리 학생들을 주님의 일꾼으로 준비하여 세상 속으로 보낼 수 있으면 얼마나 좋을지 그 사명에 대하여 생각하게 되었다.

1999년 당시 교목님의 부재로 원목실의 김승환 부원목님께서 학생 채플과 대학교회 예배를 섬겨주시고 계셨기에, 가장 시급한 일은 교목님께서 부임하시는 일이었다. 그래서 CMF 지도교수를 하면서 믿음의 학생들과 함께 교수로서의 교목님이 아니라 목자이신 교목님이 오시기를 간절히 소망하며 기도 모임을 하였다. 드디어 2000년 3월에 부임하신 박정진 교목님께서는 교목이시기에 교회 예배를 담임하실 것은 생각하지도 못하셨는데, 학장님께서 부임하신 주일부터 대학교회의 예배를 부탁하신다는 말씀을 듣고 너무 놀라셨다고 하셨다. 독일 유학 후 귀국하셔서 오랫동안 출판 선교를 하셨던 박정진 목사님께서도 연세대학교 교목으로 지원하시면서, 이번에 발령을 받지 못하게 되면 지역 교회를 섬기시리라 생각하시면서 기도해 오셨다고 말씀해주셨을 때, 우리는 모두 놀랐다. 주님께서 우리들의 기도와 박정진 교목님의 기도를 모두 들으시고 함께 응답해 주셨음을 확신하며, 기쁨이 넘치는 대학교회의 생활이 시작되었다.

어느새 16년의 세월이 흘렀다. 믿음의 열 가족이 교우로서 함께 하기를 간절히 소망하며 기도하였는데, 어느새 차고 넘치는 은혜를 베푸시어서 따뜻하고 신실한 교우들과 믿음의 교제를 나눌 수 있게 되었다. 또 학생 교우들이 성장하여 결혼한 후 가족을 이루고, 그들의 자녀들이 교회학교에서 성경말씀으로 교육받고 뛰노는 모습을 볼 때 마다, 살아서 역사하시는 하나님의 임재하심을 느끼곤 한다. 아직도 예배시간에 비어있는 자리가 많이 있음을 보면 안타까운 마음이 들고, 신실한 일꾼으로 활동하던 학생 교우들이 졸업과 함께 떠날 때 느끼는 허전한 마음은 여전하다. 하지만 언제나 신실하신 주님께서 함께 하심을 믿기에 이제는 교우들 모두 함께 예배드리고, 선교의 꿈을 키우며, 우리 학생 교우들의 신앙생활을 키워나갈 수 있는 아름다운 교회를 이 동산에 허락하시기를 기도하며, 새로운 꿈을 꾸게 된다.

하나님의 법칙

김상하
내과학교실

그에게서 온 몸이 각 마디를 통하여 도움을 받음으로 연결되
고 결합되어 각 지체의 분량대로 역사하여 그 몸을 자라게 하
며 사랑 안에서 스스로 세우느니라(에베소서 4:16).

우리교회는 30년 동안 여러 사람들을 세상에 흘려보냈습니다.

교우(敎友)라는 이름으로 불리던 많은 사람들이 우리 교회로 흘
러 들어왔다가 또 흘러 나갑니다. 이곳에서 새벽 이슬 같은 청년들
은 즐겁게 헌신하며, 어린 자녀들은 그 헌신의 사랑을 먹으며 자라
납니다. 그 헌신하던 청년들, 그 사랑을 먹던 자녀들은 이내 어른이
되어, 청년이 되어 흘러 나갑니다. 그 흔한 지붕 위 꼭대기 십자가
나 입구에 크게 걸린 이름 적힌 현판도 없는 우리 교회는 그래서 성
도(聖徒)가 점점 모이고 모여 그 수가 늘어나는 법이 없습니다. 게
다가 이렇게 머무르다 흘러가는 이들이 교우뿐만 있는 것이 아닙니
다. 전도사로 목사로 우리 어리석은 양을 치러 보내심을 받은 여러

교역자님들도 그야말로 때를 따라 돕는 은혜로 늘 우리와 함께 하셨습니다.

콩나물시루에 부어지는 물처럼 아무 의미 없어 보여도, 30년을 흘려 보낸 물 같은 그 교우들로 인해 우리 대학교회가 조금씩 자라납니다. 사랑 안에서 스스로 세워지는 그 하나님의 법칙이 이런 것이 아닐까 문득 생각합니다.

2. 원주의과대학 대학교회 연표

1985년	9월 8일 연세대학교 원주의과대학 대학교회 첫 공식주일 예배를 정석환 전도사의 사회와 박정세 목사의 설교로 시작하다
1986년	1월 26일, 주일예배를 통해 8명이 세례를 받다
1987년	3·1절 기념예배와 4·19기념예배를 드리다
1988년	3월 6일, 주일학교를 시작하다. 9월에 정석환 목사가 미국유학으로 사임하고, 임광호 전도사가 부임하다
1989년	3월 26일, 부활절 예배를 리마예전으로 진행하다. 10월 29일에는 대학교회 운영을 위한 '교회위원회'를 구성하다
1990년	10월 28일, 임광호 목사가 사임하고, 윤병민 전도사가 부임하다
1991년	2월23-24일, 최초로 전교인 수련회를 수안보 상록호텔에서 개최하다. 의료선교부를 구성하다. 3월 31일에는 최초의 제직회를 구성하여, 예배부, 교육부, 선교부, 봉사부, 신도부, 재정부를 세우다. 장애인 공동체, '작은 집'을 후원하다
1992년	1월9-18일까지 방글라데시 의료 선교를 하다. 2월 22일에 수안보 상록호텔에서 '우리교회의 92년 선교 전망과 계획'이라는 주제로 전교인 수련회를 갖다. 8월8일에는 가족 여름캠프를 이틀간 흥업 홍대동산에서 진행하다. 10월5일에 의료 선교 활성화를 위한 선교 세미나를 개최하다

1993년	2월부터 주일아침 성경공부모임을 시작하다. 5월부터 예배장소를 기존의 후문 근처 2층 예배실에서 새로 건축된 의대 강당으로 이전하다. 원주의과대학 졸업생인 산부인과 전문의 이명순 교우를 7월 10일자로 몽골 의료 선교사로 파송하다
1994년	1월 28-2월 6일까지 방글라데시 찔마리에서 의료봉사활동을 하다. 2월에는 박정세 목사와 부교역자였던 윤병민 목사가 이임하다. 김영호 목사와 김승환 목사가 부임하다
1995년	10월, 노정현 전도사가 부임하다. 주보에 교회현황이 보고되지 않을 정도로 대학교회가 어려움을 겪다
1996년	3월 17일, 노정현 전도사가 이임하다
1997년	2월 23일, 김영호 목사가 퇴직하고, 김승환 목사가 부목사 신분으로 교회를 운영하다
1998년	금융위기 가운데도 김승환 목사를 중심으로 교회를 유지하며 해뜨는 집, 작은 집, 작은 예수공동체와 같은 기관에 기부를 멈추지 않다. 광복절 기념예배시에 민족의 평화 통일을 위한 남북 공동기도문을 드리다
1999년	1월 17일부터 전교인 가정을 심방하다. 8월 7-8일에 성우 리조트에서 전교인 여름 수련회를 개최하다
2000년	3월 12일자로 김승환 목사가 이임하고 박정진 교목이 대학교회 담임목사로 부임하다. 교회 온라인 카페와 홈페이지를 개설하다. 8월 19-20일에 주문진 남애리에서 여름수련회를 개최하다. 의과대학 학생들을 위한 장학금을 책정하여, 지급하기 시작하다

2001년	늘어난 교회재정을 지역사회 사회복지 기관에 더 할당하다. 학생선교 강화차원에서 신입생을 위한 전도대회를 열다. 이인규, 이정림 교우에게 집사의 직분을 주다. 성탄절 예배를 밥상공동체와 연합으로 드리다
2002년	캄보디아 의료 선교를 후원하고, 졸업생들에게 '파송패'를 전달하다. 대한성서공회에서 추천하는 〈새번역성경 개정판〉 사용 캠페인을 벌이다. 6월 27-29일까지 연세대 매지리 캠퍼스에서 제17회 전국 대학교수 선교대회를 후원하다. 8월 15-18일까지 경상도 하동군 돌단교회에서 전교우 여름수련회를 개최하다. 11월 1일 새롭게 증축된 누가홀로 예배장소를 옮기다.
2003년	'신입생을 위한 기독인 나눔터'를 활성화하다. 3월에 제 10차 해외의료 선교에 참여하고 후원하다. 4월에는 조경집, 박동숙 교우를 집사로 임명하다. 8월부터 원목실의 정택진 목사가 동역하다. 8월 15-17일에 용평 한화콘도에서 전교인 여름수련회를 개최하다. 태풍 매미로 인한 수재민 돕기에 나서다
2004년	장학생의 숫자를 두 자리로 확대하다. 제 11차 캄보디아 바탐방 지역에서 있었던 의료 선교를 후원하다. 3월에 허정섭 전도사가 부임하여, 대학 성경공부를 활성화 시키다. 부활절을 기점으로 주보를 전면적으로 개편하다. 7월 28-30일까지 경기도 여주 간현수련원에서 전교인 여름 수련회를 개최하다. 9월 3-4일에는 신림에 있는 복민교육원에서 교사 워크숍을 진행하다

2005년	1월에 발생한 남아시아 대지진으로 발생한 이재민들을 돕기 위한 긴급 구호 자금을 전달하다. 제 12차 방글라데시 의료 선교를 후원하다. 8월 6일부터 양일간 강원도 영월에서 어린이 성경학교를 개최하고, 13-14일에 속초 솔향기 펜션에서 전교인 여름수련회를 개최하다. 개교 30주년 기념사업의 일환으로 '대학교회 건축' 계획을 수립하다
2006년	1월 26일, 박정진 목사가 이임하고, 3월에 임걸 교목이 담임목사로 부임하다. 사도행전에 기초한 대학교회의 목표를 수립하다. 목회보고서 발간을 통해 교회운영 기록을 문서화하기 시작하다. 3월에 양은정 준목과 신용구 전도사가 부임하다. 새신자 교육반과 기초 신앙반을 운영하다. 7월 15-16일에 횡성 허브마을에서 전교우 여름수련회를 개최하다
2007년	제 14차 해외의료 선교를 후원하다. 8월 11-12일 신림면 복민수련원에서 전교우 여름수련회를 개최하다
2008년	영성 강화를 위한 훈련 프로그램을 강화하다. 총 21명에게 장학금을 지급하다. 8월 9-10일까지 신림면 복민교육원에서 전교우 여름수련회를 개최하다. 추석명절 가정예배 주보를 만들어 배포하다. 9월 2일에 신용구 전도사가 이임하고, 장익 전도사가 부임하다
2009년	제 15차 방글라데시 의료 선교를 지원하다. 1월에 양은정 목사가 이임하고, 박경순 전도사가 부임하다. 베델성경공부를 위시한 다양한 성경공부 모임을 개설하다. 교우들의 온라인 교류를 위해 다음에 카페를 개설하다. 8월 8-9일간 횡성 행복한 동산에서 전교우 여름수련회를 개최하다. 10월 25일 매지리 대학교회와 연합체육대회를 개최하다. 숙소를 구하기 어려운 입학생들을 위해 큐티-에셀하우스를 운영하다. 12월 27-1월 5일까지 필리핀 마닐라에 있는 바울 선교센터로 대학교회 찬양단이 전도여행을 다녀오다

2010년	박정진 교목이 다시 대학교회 담임목사로 재부임하다. 장익 전도사가 이임하고, 최호찬 전도사가 부임하다. 8월 7-8일에 복민교육원에서 전교우 여름수련회를 개최하다. 10월 31일에 매지리 대학교회와 연합체육대회를 진행하다. 11월 28일 창립 25주년 기념예배를 드리다
2011년	간호학과 이후연 학생을 장학생으로 선발하여 케냐 나이로비에 소재한 텐웨크 병원에 파견하다. 3월부터 성경공부반을 ABC로 나누어 운영하다. 7월 11-14일에 전라남도 완도군 흑일도 교회에서 섬 지역 전도여행을 실시하다. 8월7에 충청북도 단양의 다리원 관광지에서 전교우 여름수련회를 개최하다. 8월 28일, 박경순 전도사가 사임하고 민돈후 목사가 부임하다. 11월 6일, 매지리 대학교회와 제 3회 연합체육대회를 개최하다
2012년	설 연휴 가정예배문을 배포하다. 2월 11-17일간에 있었던 제 17차 의료 선교를 지원하다. 3월부터 박정진 목사의 안식년으로, 김한성 협동목사가 부임하다. 3월부터 새벽기독회를 시작하다. 부활절 예배시에 어린이 세례를 거행하다. 7월 13-14일에 낙산 에어포트 콘도텔에서 전교우 여름수련회를 개최하다. 8월15-18일까지 전라도 해남의 흑일도 교회에서 섬 전도여행을 실시하다. 8월 30일부터 해피 바이블 스터디를 시작하다. 9월 23일에 매지리교 대학교회와 연합체육대회를 개최하다
2013년	1월 13-14일에 청소년부 겨울캠프가 문막 오크밸리에서 진행되다. 제 18차 의료 선교를 지원하다. 3월부터 사도신경과 주기도문의 새 번역본을 사용하기로 하다. 7월 21-24일까지 태안 중앙교회에서 열린 청소년 비전캠프에 참석하다. 8월 16-17일에 동해 보양온천 컨벤션 호텔에서 전교우 여름수련회를 개최하다. 8월 25일, 부교역자 민돈후 목사가 임하늘 목사가 부임하다. 장학생 25명을 선발하다. 10월 27일, 매지캠퍼스 대학교회와 연합친교행사를 열다

2014년	2월에 이지현 목사가 부목사로, 3월에 정승우 교목이 담임목사로 부임하다. 제 19차 방글라데시 의료 선교를 후원하다. 4월 16일에 벌어진 세월호 사망자 유가족을 후원하다. 부활절에 어린이, 학생 세례식을 거행하다. 7월에 대학교회 30주년 기념사업위원회를 구성하고, 30주년사의 집필을 관동대 박종현 교수에게 의뢰하기로 결정하다. 전교우 여름수련회가 강릉원주대학 해양생물연구교육센터에서 8월 9-10일간 진행되다. 11월 2일 매지리 대학교회와 연합예배를 드리다
2015년	제 20차 방글라데시 의료 선교를 후원하고, 정승우 목사가 참여하다. 3월 9일부터 지역사회와 교직원들을 위한 월요성경강좌를 시작하다. 참여비로 아프리카 어린이를 후원하다. 4월 5일 매지리 대학교회와 부활절 연합예배를 드리다. 8월8-9일간 강릉원주대학교 해양생물연구교육센터에서 전교우 여름수련회를 개최하다. 8월13-15일까지 대학부 전도여행을 강원도 정선으로 다녀오다
2015	11월 29일, 연세대학교 원주의과대학 대학교회 창립 30주년 기념예배를 드리다

3. 대학교회 현황

1) 역대 담임 교역자

박정세 목사	1979. 3 - 1994. 2
김영호 목사	1994. 3 - 1997. 2
박명철 목사	1997. 3 - 1997. 8
박정진 목사	2000. 3 - 2006. 2
임 걸 목사	2006. 3 - 2010. 7
박정진 목사	2010. 8 - 2012. 2
김한성 목사	2012. 3 - 2014. 2
정승우 목사	2014. 3 - 현재

2) 역대 부교역자

김동욱 목사	1981. 3 - 1984. 2
정석환 목사	1984. 3 - 1988. 9
임광호 목사	1988. 9 - 1990. 8
윤병민 목사	1990. 9 - 1994. 2
김승환 목사	1994. 3 - 1995. 8
이영신 목사	2001. 9 - 2006. 4
허정섭 목사	2004. 3 - 2006. 4
신용구 전도사	2006. 5 - 2007. 8
양은정 목사	2006. 5 - 2009. 1

장 익 전도사	2007. 8 – 2010. 2
박경순 전도사	2009. 3 – 2011. 8
최호찬 전도사	2010. 3 – 2012. 8
민돈후 목사	2011. 9 – 2013. 8
임하늘 목사	2013. 9 – 2014. 1
임이삭 전도사	2012. 8 – 현재
이지현 목사	2014. 2 – 현재

3) 조직 현황

담임목사: 정승우

부 목 사: 이지현

전 도 사: 임이삭

운영위원: 조경집, 정우선, 김명하, 한경희, 김춘희, 최두웅, 최한주,
용석중, 김상하, 서미혜, 김도우

4) 주요 활동 내용

① 주일예배: 매주일 오전 10시 50분, 루가홀

② 주일학교: 매주일 오전 9시 30분 – 10시 50분, 루가홀과 의학관
세미나실(어와나)

매주일 오전 10시 15분 – 10시 50분, 루가홀(유아부)

매주일 오전 12시 30분, 의학관 세미나실(대학부)

③ 성경공부: 월요성경강좌 – 매학기 10시간. 강사 정승우 목사

④ 기도모임: 매주 금요일 점심시간

⑤ 선교후원활동

장학금. 학교발전 기금. 해외의료 선교 후원. 송도 GIT 후원.
해외선교사 후원. 기타 재난 지역 후원

4. 연세대학교 원주의과대학 대학교회 장학생의 약속

대학교회 장학생으로 선발해 주신 사랑에 감사드립니다.

본인은 대학교회로부터 0000년 0학기 장학금을 받았습니다.

이 사랑의 빚을 갚고자 학업에 최선을 다하고, 하나님 나라를 위해

신앙인으로 열심히 봉사하겠습니다.

본인 또한 어려운 학생들을 위해 기꺼이 도울 것을 약속합니다.

소속 :   과   학년

이름 :

0000 년 0 월 0일

연세대학교 원주의과대학

대학교회 장학생

서명

5. 연세대학교 원주의과대학 30주년 비전선언문

1. 우리 교회는 우리 대학과 병원의 설립이념인 "진리와 자유 그리고 연합 정신"에 따라 역사와 사회 앞에 성숙한 그리스도의 제자들을 양육한다.

2. 우리 교회는 지성과 영성의 조화로운 일치를 통해 세상의 다양한 물음과 고통의 현장을 향해 그리스도의 사랑의 정신으로 응답하고 실천하는 열린 교회를 지향한다.

3. 우리 교회는 하나님의 말씀과 개혁교회의 전통에 입각한 예배와 성서연구를 통해 교우들의 신앙을 증진하고, 지역사회를 위해 봉사하고 헌신하는 공동체로 자리한다.

4. 우리 교회는 한 알의 밀알처럼 자신을 희생하는 진정한 그리스도의 치유자로서 세상의 모든 고통 받는 생명들을 살리는 일에 헌신하며 후원한다.

2015. 11. 29
연세대학교 원주의과대학 대학교회 교우 일동

그리스도의 사랑으로 세상을 치유하는 공동체

연세대학교 원주의과대학 대학교회 30년사

2015년 11월 16일 초판 1쇄 인쇄
2015년 11월 20일 초판 1쇄 발행
지은이 | 박종현
엮은이 | 연세대학교 원주의과대학 대학교회 30년사 편찬위원회
펴낸이 | 김영호
펴낸곳 | 도서출판 동연
등 록 | 제1-1383호(1992. 6. 12)
주 소 | (우 121-826) 서울시 마포구 월드컵로 163-3
전 화 | (02) 335-2630
팩은스 | (02) 335-2640
이메일 | yh4321@gmail.com

ISBN 978-89-6447-292-7 03900